AF279989

CHRIS A. YOUNG

WIE MIR DIE TODESSTRAFE
DAS LEBEN RETTETE

Deutsche Erstausgabe, alle Rechte vorbehalten!

Titel der amerikanischen Originalausgabe:
„M. E. - My experience (How death row saved my life)"

Übersetzung und Gestaltung: Stefan Heikens
Korrektorat: Alexandra Vogeno
Herstellung und Verlag: BoD - Books on Demand, Norderstedt
© 2024 Stefan Heikens / **DR 75**
ISBN: 9783758387821

INHALT

KAPITEL 1

Es ist 2011, ich sitze nun schon seit fünf Jahren in einer fensterlosen Zelle im texanischen Todestrakt und warte darauf, dass der Staat mich tötet. Ich wurde für den Mord an einem Supermarktangestellten verurteilt, den ich erschoss, als ich versuchte ihn auszurauben (so einfach würden es jedenfalls der Staat und auch der Staatsanwalt erklären). Es umgeben mich Wände aus Stahlbeton, die schon deutlich stärkere Männer als mich in den Wahnsinn getrieben haben. Deshalb kämpfe ich hier nicht nur verzweifelt um mein Leben, sondern auch darum, so lange wie möglich bei Verstand zu bleiben. Ich sitze auf einem an die Wand geschraubten Bett aus Stahlplatten und blicke zurück auf die lange Reise, die mich an diesen Ort gebracht hat.

Geboren wurde ich am 24. September 1983 als Sohn von Dannetta Brown und Willard Floyd „Chuck" Young in San Antonio (TX). Meine Mama war erst 17 Jahre alt und hatte bereits ein Kind, meine drei Jahre ältere Schwester Tasha. Mein Daddy war 21 Jahre und hatte auch schon ein Kind, meinen zwei Jahre älteren Bruder Donta. Obwohl meine Eltern nicht sehr lange zusammen waren, bekam meine Mutter doch noch ein drittes Kind, meine jüngere Schwester Charlotte.

Bis zu meinem fünften Lebenjahr lebten wir in San Antonio, dann packte meine Mama unsere Sachen zusammen und zog mit uns nach Milwaukee (WI). Sie hatte dort ein paar Schwestern und hoffte, in einer neuen Umgebung ihr Leben besser in den Griff zu bekommen. In Milwaukee lernte sie schnell einen Mann namens Clarence Franklin kennen, der später noch eine wichtige

Rolle spielen würde. Mama und Clarence heirateten und schon kurz danach kam mein kleiner Bruder Tyrone auf die Welt. Natürlich sind viele meiner Erinnerungen an diese Zeit verschwommen, ich war ja noch sehr jung, doch ein Erlebnis ist mir immer besonders lebhaft im Gedächtnis geblieben.

Meine Tante hatte mich, meine beiden Schwestern, meinen kleinen Bruder und meine Cousine zum Einkaufen geschickt und uns jeweils einen Vierteldollar extra mitgegeben, damit wir uns etwas kaufen konnten. Meine Tante ist eine wunderschöne Frau, innerlich und äußerlich, und die Art von Mensch, die alles für ihre Kinder, Nichten und Neffen tun würde. Ihr einziges Problem war (zumindest glaubte ich damals, es sei ihr einziges Problem), dass sie sehr streng war. Es gab für sie die verschiedensten Gründe, um uns den Hintern zu versohlen und sie klopfte dabei nicht nur leicht auf die Hose, sondern schlug uns wirklich hart auf die nackte Haut. Egal ob mit einem Gürtel, einer Weidenrute, einem Verlängerungskabel, einem Holzbrett oder ihrer Hand, man wusste schon vorher, dass es verdammt wehtun würde.

Während wir zum Laden an der Ecke gingen, hielt ich Tyrone an der einen Hand, während meine andere Hand seinen Vierteldollar umschloss. Ich war etwa sieben Jahre alt, das heißt, Tyrone muss ungefähr zwei Jahre alt gewesen sein. Wir gingen alle zusammen in den Laden, aber teilten uns dann auf, damit jeder etwas anderes besorgen konnte. Ich lief geradewegs auf die Kühltruhe zu, die randvoll mit Eiscreme war, denn ich liebe Eiscreme. Ich sah mir alles genau an, durchstöberte die Truhe gewissenhaft und fand schließlich ein Eis, auf das ich richtig Lust hatte. Ich musste es einfach haben, es war, als stünde mein Name darauf. Es gab allerdings ein Problem, das Eis kostete $ 0,50. Ich war sieben Jahre alt und lernte gerade, wie man addiert, deshalb konnte ich mir schnell ausrechnen, dass mein Vierteldollar und Tyrones Vierteldollar zusammen die nötige Summe ergeben würden.

Ich schnappte mir das Eis, schaute Tyrone an, zeigte ihm das Eis und wedelte damit in der Luft herum: „Tyrrrooonnneee, wollen wir uns dieses Eis teilen? Möchtest du die Hälfte haben?"

Er starrte es mit großen Augen an: „Jaaaaaa!"

Daraufhin gingen wir zur Kasse, um das Eis zu bezahlen und die Verkäuferin sagte: „OK, das sind dann $ 0,50".

Ich legte meinen Vierteldollar auf den Tresen und gab Tyrone seinen Vierteldollar, den er danebenlegte. Dann verließen wir schnell den Laden und warteten vor der Tür darauf, dass die anderen Kinder mit ihren Einkäufen fertig wurden. Damit das Eis nicht schmelzen konnte, begannen wir sofort damit, es zu essen. Und als die anderen Kinder aus dem Laden kamen, wollten sie natürlich wissen, was Tyrone bekommen hatte, denn sie sahen in dem Moment nur, dass ich als Einziger ein Eis in der Hand hielt.

„Er hat ein Eis."

Ich hielt ihnen das Eis vor die Nase, das wir uns teilten. Scheinbar verstanden sie den Zusammenhang nicht richtig, doch sie stellten keine weiteren Fragen mehr und wir gingen nach Hause.

Als wir dort ankamen fragte meine Tante: „Was hat Tyrone bekommen? Was hat er sich gekauft?"

Tyrone war schon immer ihr Liebling gewesen. Ich stand da, mit klebrigen Händen, Eiscreme um den Mund und erklärte: „Wir haben uns ein Eis geteilt."

An ihrer Körpersprache sah ich sofort, dass sie sauer wurde. Sie konnte nicht wirklich geglaubt haben, dass ich lüge, denn auch Tyrones Gesicht und Hände waren klebrig von Eis, doch sie sagte mir, ich solle sofort meinen schwarzen Arsch nach draußen bewegen, um eine Weidenrute zu holen. Voller Angst ging ich hinaus zum Baum im Garten und suchte die kleinste Rute, die ich am Baum finden konnte; so wie es die meisten Kinder machen würden. Ich brach die Rute ab, entfernte die Blätter und brachte sie dann zurück ins Haus zu Tante Janet. Ich glaubte, dass die Prügel nicht so schlimm werden würden, da ich ja die kleinste Rute genommen hatte.

Als Tante Janet den Zweig sah, schnappte sie ihn sich, gab mir einen leichten Schlag damit und sagte: „Du gehst jetzt sofort raus und holst mir eine andere Rute, und die sollte sehr viel länger sein als die hier, verstanden?"

Ich ging also noch einmal nach draußen und suchte eine andere. Ich weiß noch, wie ich dachte: „Jetzt muss ich mir wirklich selber eine Rute aussuchen, damit ich damit den Arsch voll bekommen kann". Ich brachte ihr auch den zweiten Zweig und bekam damit wie erwartet mächtig den Hintern versohlt.

Um ehrlich zu sein, Tante Janet hat uns immer am schlimmsten verprügelt. Sie hat uns nicht einfach nur verprügelt und dann wieder gehen lassen, sie machte uns dabei auch immer klar, was wir falsch gemacht hatten und wofür wir die Tracht Prügel bekamen; zumindest glaubte sie wohl, dass sie das tun würde. Als sie damit fertig war mich zu verprügeln, ließ sie mich mit dem Gesicht zur Wand stehen und ein Bein am Knie anwinkeln. Sie sagte, jedes Mal, wenn mein Bein den Boden berühren würde, würde ich eine weitere Tracht Prügel bekommen. Ich weiß heute nicht mehr, wie lange ich dort stand, aber ich erinnere mich noch deutlich daran, dass mein Bein den Boden nicht mehr berührte.

Bis heute liebe ich meine Tante Janet sehr und spreche gelegentlich noch mit ihr, aber ich verstehe immer noch nicht, warum ich an diesem Tag so verprügelt worden bin. Im Nachhinein glaube ich aber, dass das eines der ersten Male war, wo jemand versuchte, mich zurechtzuweisen. Vielleicht sah meine Tante an diesem Tag etwas in mir, was mir später noch viele Probleme machen würde und wollte es austreiben. Ich weiß es wirklich nicht und ich habe sie auch nie danach gefragt.

KAPITEL 2

Nach ein paar mehr oder weniger erfolglosen Jahren in Milwaukee zog meine Mutter mit uns zurück nach San Antonio. Ich war jetzt in der zweiten Klasse und wohnte in einer Straße mit genau vier Häusern und einer *Mrs. Baird's* Bäckerei direkt gegenüber unserer Wohnung. Jeden Morgen wachten wir mit dem Duft von frischem Brot in der Nase auf und meine Mutter schickte uns gelegentlich hinüber, um Milch und Brot zu holen. Da die Angestellten des Ladens uns kannten, verließen wir das Geschäft jedes Mal mit Tüten voller Gebäck, Brot und Brötchen vom Vortag. Manchmal, wenn wir draußen mit den anderen Kindern spielten, schlichen wir uns auch zur Bäckerei, weil wir wussten, dass wir dort Leckereien abstauben konnten.

Clarence, der Vater von Tyrone, hatte uns nach San Antonio begleitet. Er war wirklich cool, ich kann mich nicht daran erinnern, dass Clarence uns jemals wirklich brutal verprügelt hätte. Ich bin in meinem Leben oft schlimm verprügelt worden, aber nie von Clarence. Eigentlich war er auch nur ein großer Junge, der gerne vor dem Nintendo saß und stundenlang *Super Mario Bros.* spielte. Manchmal ließ er uns sogar mitspielen, aber meistens saßen wir nur da und schauten ihm beim Spielen zu.

Mein leiblicher Vater, der nach wie vor in San Antonio lebte, kam ständig vorbei und holte uns ab. Er brachte uns dann entweder zum Haus meiner Großmutter oder zu dem meiner Urgroßeltern. Meine Urgroßmutter, wir nannten sie "Nan-Nan", war für uns eine Heilige! Sie verwöhnte uns immer über alle Maßen. Wenn wir bei ihr zu Hause waren, saßen wir alle am Tisch und spielten *Keno* um Pennys. Sie setzte dabei immer ihre Dollars gegen unsere Pennys und wir spielten stundenlang. Nachdem wir dann das Geld einstecken konnten, das sie uns sowieso gewinnen lassen wollte, setzten wir uns vor den Fernseher und/oder häkelten.

Mein Urgroßvater, „Granddaddy" genannt, war wirklich ein sehr spezieller Typ Mensch. Er war ein Veteran des Zweiten Weltkriegs und nachdem er aus dem Militärdienst entlassen worden war, war er Koch bei der *Southern Pacific Railroad* geworden. Diesen Job machte er über vierzig Jahre und, oh Mann, was konnte er kochen. Er liebte das Kochen so sehr, dass er jeden Gast verfluchte, den er zum Essen einlud und der diese Einladung ausschlug, weil er keinen Hunger hatte. Es war Granddaddy egal, wer es war oder wie alt er war, er verfluchte einfach jeden, als hätte der etwas gestohlen.

Irgendwann beruhigte Granddaddy sich dann wieder, hörte auf zu fluchen und fragte nach einer Viertelstunde noch mal, ob man Hunger hatte; ganz so, als ob er beim ersten Mal die Antwort nicht gehört hätte. Das könnte ein Teil seiner PTBS (*Posttraumatische Belastungsstörung*) aus dem Krieg gewesen sein, denn das Kochen war wahrscheinlich eine Therapie für ihn. Wenn unsere Besucher also zum zweiten Mal gefragt wurden, ob sie Hunger hätten, kannten sie bereits seine Reaktion auf ein „Nein" und antworteten deshalb lieber mit „Ja". Dann konnte er endlich sein Ding machen und es kamen sofort eine ganze Reihe weiterer Fragen. Er fragte, was und wie man essen wolle, etc. und man hat sich besser ganz schnell etwas einfallen lassen, bevor er wieder mit seinen Schimpftiraden anfangen konnte.

Das Beste an seinen Mahlzeiten war aber, dass er bei seinen Rezepten mit keiner einzigen Zutat sparte. Wenn er ein *Gumbo* kochte, einen Eintopf aus Gemüse, Hühnchen und Meeresfrüchten, dann war es, als sei das ganze Meer im Topf und es schmeckte unglaublich lecker. Am Ende leckte man dann fast automatisch die

Schüssel aus, ohne sich noch darum zu kümmern, ob jemand zuschaute, so gut war es.

Die einzige Person, die ihn wirklich im Griff hatte, war Nan-Nan. Sie hatte in jungen Jahren einen Unfall gehabt, dadurch war sie von der Hüfte an abwärts gelähmt und seitdem ans Bett gefesselt. Doch außer ihrer Fähigkeit zu Laufen hatte sie dabei nichts verloren. Ich habe selbst gesehen, wie diese Frau vom Bett aus Geschäfte tätigte, auf die jeder Konzernchef neidisch gewesen wäre.

Ich weiß noch, wie sich Nan-Nan und Granddaddy immer stritten. Normalerweise war Großvater leicht angetrunken von dem *Schaeffer's* Bier, das die beiden immer tranken und schimpfte mit uns, weil wir im Haus herumrannten. Wenn Nan-Nan das hörte, sagte sie ihm, wir seien doch nur Kinder und die beiden fingen an, sich gegenseitig zu beschimpfen. Granddaddy gewann nie! Wir saßen dann mit Nan-Nan im Zimmer, während sie mit ihm schimpfte und lachten, Nan-Nan lachte mit. Irgendwann hielt Granddaddy dann die Klappe und trotzdem waren sie ein wundervolles Paar. Wenn ich mich an sie erinnere, dann weiß ich, dass Granddaddy meine Nan-Nan sehr geliebt hat. Ich wünschte, ich hätte diese Art von Liebe kennenlernen dürfen, während ich noch Teil der normalen Welt war.

Ein paar Monate, nachdem ich acht Jahre alt geworden war, hatte Martin Luther King Geburtstag. Der *Martin Luther King March* in San Antonio war der größte Marsch in Amerika. Er war sogar in San Antonio selbst eine große Sache. Mein Vater hatte geplant, uns früh abzuholen und zum Haus von Nan-Nan und Granddaddy zu bringen, weil der Marsch direkt vor ihrem Haus vorbeigehen würde. Wir würden uns also den Marsch vor dem Haus meiner Großeltern ansehen und dann würde Daddy uns ans Ende der Strecke bringen, wo es eine Feier geben würde.

Der Tag begann wie geplant, Daddy holte uns bei Mama ab, brachte uns zu unseren Großeltern und wir alle sahen von Nan-Nans Fenster aus zu, wie der Marsch vorbeizog. Dann brachte er uns wieder nach Hause und sagte, er würde gleich wiederkommen, damit wir zur Feier fahren könnten, er müsse nur kurz etwas erledigen. Ich protestierte, denn ich war es gewöhnt, dass mein Daddy mich überallhin mitnahm, doch dieses Mal sagte er, er müsse alleine los, er wäre ja gleich wieder da. Aber Daddy kam nie wieder.

Ich wusste noch nicht, was passiert war, doch an diesem Tag machte es mich unglaublich wütend. Ich war nicht sauer, weil ich die Feier verpasste, sondern weil ich das Gefühl hatte, mein Vater hätte mich belogen, das hatte er noch nie getan.

Wir warteten den ganzen Tag darauf, dass er zurück kam und uns abholte, genau so, wie er es versprochen hatte, doch er kam nicht. Als die Nacht hereinbrach, tauchte plötzlich die Polizei bei uns auf. Sie sprachen kurz mit meiner Mutter und ich sah, wie sie weinend zusammenbrach. Zu diesem Zeitpunkt wusste ich immer noch nicht, was vor sich ging. Erst als die Polizei weg war, setzte sich meine Mutter zu mir und erklärte es mir.

Ich weiß nicht mehr, ob ich an diesem Abend geweint habe oder nicht, aber ich weiß, dass ein großer Teil von mir gestorben ist. Mama sagte mir, dass ich am nächsten Tag nicht zur Schule gehen müsse, doch ich ging trotzdem. Ich weigerte mich einfach, den ganzen Tag nur herumzusitzen und nichts zu tun, das hätte mir zu viel Zeit gelassen, um über meinen Vater nachzudenken. Die Schule war genau der Ort, an dem ich mich verstecken wollte.

Am Tag der Trauerfeier sah ich den Körper meines Daddys zum letzten Mal. Ich erinnere mich noch daran, wie ich das Beerdigungsinstitut betrat und zum Sarg ging. Ich sah ihn dort liegen, das Gesicht voller Make-up, leblos und kalt. Ich drehte mich sofort wieder um, verließ die Leichenhalle und saß für den Rest des Tages auf den Stufen vor dem Gebäude. Ich wollte meinen Vater einfach nicht so sehen, es war für mich einfach nicht zu ertragen, dass er jetzt tot sein sollte. Ich glaube, ich wollte einfach weiterhin so tun, als wäre er noch am Leben. Am Tag nach der Totenwache war seine Beerdigung, doch ich ging lieber zur Schule. Ich wollte einfach nicht sehen, wie der Sarg in die Erde hinabgelassen wurde.

Ein paar Monate später erfuhr meine Mutter dann, dass meine Schwester Tasha schwanger war. Sie war zu diesem Zeitpunkt erst zwölf Jahre alt und ich kann mir nur vorstellen, was meiner Mutter damals durch den Kopf gegangen sein muss. Ich glaube, dass sie sehr wütend gewesen sein muss, als meine Schwester diese Bombe platzen ließ. Es stellte sich heraus, dass Clarence, der neue Mann meiner Mutter, meine Schwester vergewaltigt und dabei geschwängert hatte. Ich war noch zu jung, um das alles zu verstehen, aber ich weiß noch, dass wir wieder umzogen und Clarence ins Gefängnis kam. Es schien, als ginge es mit unserem Leben stetig bergab, es passierte einfach zu viel auf einmal.

Ich sprach mit niemandem, nachdem mein Vater ermordet worden war. Ich behielt meine Gefühle für mich und lief herum, als ob mich sein Tod nicht berührte. Natürlich konnte es mir trotzdem jeder ansehen, doch ich bildete mir natürlich ein, es gut verstecken zu können.

Nach dem Mord an meinem Vater verbrachte ich viel Zeit im Haus meiner Tante Velina. Sie hatte vier

Kinder und ich genoss es, bei ihnen sein zu dürfen. Ich erinnere mich auch noch daran, wie ich oft mitten in der Nacht aufwachte und nach meinem Daddy rief. Alle Emotionen, die ich tagsüber verdrängte, manifestierten sich nachts in meinen Träumen und verfolgten mich wie die fiktive Figur Freddy Krueger seine Opfer.

Es gab ein Video, das ich mir damals immer wieder ansah. Es war die Nachstellung des Mordes an meinem Vater, die in den Nachrichten gezeigt worden war. Auf der Videokassette waren vier Schauspieler zu sehen, die sich im Auto stritten. Der Schauspieler, der direkt hinter dem Fahrer saß, zog eine Pistole und schoss dem Fahrer in den Hinterkopf, so dass sein Gehirn über die ganze Windschutzscheibe spritzte. Nach dem Schuss zogen die Schauspieler den Fahrer aus dem Auto, legten ihn an den Straßenrand und fuhren dann mit dem Auto davon. Der Fahrer war mein Vater. Als Kind habe ich mir das Video so oft angesehen, dass ich mich noch heute an jedes einzelne Detail, jedes Geräusch und jede Stimme so lebhaft erinnern kann, als hätte ich das Video erst gestern zum letzten Mal gesehen.

Tante Velina lebte in der Siedlung *Olive Park East* im Osten von San Antonio. Dort gab es viele Kinder und jeder kannte jeden, wir waren wie eine große Familie. Doch die Straßen waren auch voller Gangs, die die Wohnblöcke kontrollierten, es war ein bekanntes *Blood*-Viertel. Die *Blood Stone Villains* kontrollierten den gesamten Olive Park und auch die angrenzenden Blöcke, die direkt dahinter lagen und *Village East* hießen. In einem dieser Wohnblöcke wohnte ich.

Natürlich verbrachte ich auch möglichst viel Zeit bei Nan-Nan und Granddaddy. Mein Vater hatte bei ihnen gelebt und sie hatten sich sehr nahegestanden. Vielleicht behandelten meine Großeltern mich und meine Geschwister deswegen auch ganz so, als wären wir ihre eigenen Kinder. Nan-Nan brach es das Herz, als mein Vater ermordet wurde. Granddaddy ging es wohl ähnlich, aber er hielt mit seinen Gefühlen genauso hinter dem Berg wie ich. Wir redeten einfach nicht darüber.

Nan-Nan starb kurze Zeit nach meinem Vater und ich kann mich nicht mehr genau an die Todesursache erinnern, aber ich glaube noch heute, dass es das Alter und ein gebrochenes Herz waren.

Und auch Granddaddy lebte nicht mehr lange, nach Nan-Nans Tod konnte man dabei zusehen, wie es ihm immer schlechter ging. Er funktionierte ohne seine Frau einfach nicht mehr und starb nur wenige Monate nach ihr. Ich glaube, es war so eine Art Kettenreaktion, denn sein Herz brach wegen Nan-Nan, so wie Nan-Nans Herz wegen meines Vaters brach. Obwohl Nan-Nan ihre ganze Ehe lang ans Bett gefesselt war, war sie trotzdem diejenige gewesen, die den Haushalt geschmissen hatte, ohne Nan-Nan gab es für Granddaddy einfach keinen Grund mehr zum Leben.

Nach dem Tod der beiden fühlte ich mich schrecklich verloren. All die Menschen, die ich liebte, starben in einem sehr kurzen Zeitraum. Ich hatte das Gefühl, dass ich nirgendwo mehr hingehen konnte und auch niemanden mehr hatte, an den ich mich hätte wenden können. Natürlich besuchte ich immer noch meine Tante, aber es fühlte sich jetzt anders an. Ich hatte das Gefühl, als hätte ich ein riesiges Loch in meinem Herzen, das mit jedem Verlust nur noch größer und größer wurde. Ich hatte bis dahin noch keine Erfahrung mit dem Tod gemacht, so dass all diese Gefühle neu für mich waren und ich nicht wusste, wie ich damit umgehen sollte.

Ich hätte gerne mit meiner Mutter darüber gesprochen, aber wir hatten nie eine besonders enge Beziehung und sie war doch selbst noch ein Kind. Ich glaube, sie hat die Todesfälle einfach für sich alleine und auf ihre eigene Weise verarbeitet. Ich erinnere mich jedenfalls nicht daran, dass sie in dieser Zeit auch nur irgendein hilfreiches Wort des Trostes für mich übrig gehabt hätte. Das Einzige, womit ich mich ablenken konnte, war also die Schule, denn dort gab es immer etwas zu tun. Doch auch dort bekam ich immer mehr Probleme.

Bevor Nan-Nan starb, hatte sie mir eine Geige gekauft und mich dazu ermutigt, es im Schulorchester zu versuchen. Ich muss irgendwann mal etwas gesagt haben, was sie glauben ließ, ich würde gerne Geige spielen lernen und so hatte sie mir ein Instrument gekauft.

Ich ging damals auf die *Dorie Miller Elementary* und war etwa acht Jahre alt. Die Schule lag im Osten von San Antonio, dem Teil der Stadt, der extrem verarmt, von Drogen überflutet und von Banden kontrolliert war. Die meisten Kinder auf dieser Schule kamen, wie ich auch, aus Elternhäusern mit nur einem Elternteil, der finanziell häufig völlig überfordert und auf sich alleine gestellt war. Wenn ich also mit meiner Geige auftauchte, war ich das Gesprächsthema Nr. 1 auf dem Schulhof. Die anderen Kinder hatten mich schon immer für einen Streber gehalten und die Geige bestätigte sie jetzt darin. Sie glaubten jetzt nicht mehr nur, dass ich ein Streber war, sondern auch, dass meine Familie Geld haben müsse. Wer so ein teures Instrument hatte, der musste in ihren Augen einfach viel Geld haben. Doch all diese Gerüchte waren mir egal, ich liebte die Schule trotzdem und war gerne dort, auch wenn die anderen Kinder sich über mich lustig machten.

Als ich mit meiner eigenen Geige zur ersten Probe erschien, nahm mich der Musiklehrer sofort in die

Band auf, denn ein eigenes Instrument war etwas, was nicht oft vorkam. Ich lernte während des Musikunterrichts also Geige, Bratsche, Bass und Cello spielen, während ich in einem anderen Kurs auch noch Schach lernte. Ich war im Schach so gut, dass ich es sogar bis zum Mannschaftskapitän brachte.

Natürlich dauerte es nicht lange, bis sich in der Schule herumgesprochen hatte, dass ich das Kind eines ermordeten Vaters war. Wenn ich also mit einem anderen Kind in Streit geriet, musste ich mir immer wieder anhören „Deshalb hast du keinen Daddy", „Dein Daddy ist nicht mehr da, um dir zu helfen", usw.! Es war absolut grausam und irgendwann hatte ich wirklich jede Variante von „Toter Daddy" gehört.

Deshalb rastete ich wohl auch irgendwann einfach aus, denn ich hatte es satt, ständig damit gehänselt zu werden. Ich hatte die Nase endgültig voll davon, als Streber bezeichnet zu werden. Ich war es leid, ständig nur das vaterlose Kind zu sein. Die Wut, die Depression und der Stress, einfach alles, was sich über Monate hinweg in mir angesammelt hatte, kam jetzt heraus und ich fing an, mich ernsthaft zu prügeln. Ich schlug auf jeden ein, der mich auch nur schief ansah. Wenn ein anderes Kind auch nur so aussah, als wolle es etwas über meinen toten Vater sagen, prügelte ich drauflos. Es dauerte eine Weile und brauchte viele blaue Flecken, aber irgendwann verstanden die anderen Kinder, dass ich jetzt nicht mehr stillhalten würde und sie hörten endlich damit auf, mich zu quälen.

Doch das Leben bestand ja nicht nur aus Tragödien und Kummer. Ich liebte zum Beispiel die Wohnung, in der wir lebten. Sie hatte sechs Zimmer, war dabei aber klein und gemütlich. Selbst das große Wohnzimmer war eigentlich ziemlich klein, aber wir hatten einen Ort, den wir ein Zuhause nennen konnten und das bedeutete viel. Es gab eine Küche, ein Bad und drei Schlafzimmer, von denen wir Geschwister uns zwei Zimmer teilten. Das Haus befand sich in einer Straße, die parallel zur Schnellstraße lief und so konnten wir jede Nacht die Autos und die großen Lastwagen vorbeifahren hören, ein stetiges Rauschen. Und jeden Tag war die Straße voll von Kindern, mit denen wir spielen konnten.

Ich erinnere mich noch daran, wie ich zu dieser Zeit, irgendwann zwischen 1991 und 1992, zum ersten Mal mit einem Luftgewehr angeschossen wurde. Ich hatte einen Freund, der die Straße hinunter wohnte und sein Vater war ein Waffennarr, der jede Menge Gewehre hatte; sowohl echte als auch unechte. Wir wussten natürlich, dass wir mit den echten Waffen nicht spielen durften, also spielten wir mit den unechten, den Luftgewehren. Andere Menschen würden wohl sagen, dass wir Cowboy und Indianer gespielt hätten, doch für uns hieß das Spiel *„Bloods vs. Crips“*. Damals war es völlig normal, in Gangaktivitäten verstrickt zu sein. Viele Gangmitglieder aus Kalifornien waren nach Texas gezogen und hatten ihre Kultur mitgebracht. Wir jungen Menschen fühlten uns natürlich zu den Gangs hingezogen, die uns einen Ausweg aus dem Elend versprachen.

Wenn wir also *„Bloods vs. Crips“* spielten, schossen wir mit den Luftgewehren und „echten“ Kugeln aufeinander. Oft luden wir die Luftgewehre dabei sogar mit spitzen Geschossen, die bei einem Treffer besonders wehtaten. Ich erinnere mich noch genau an den Moment, in dem ich zum ersten Mal von so einem Geschoss getroffen wurde. Ich glaube, ich war damals sogar der Einzige, der wirklich von so einer Kugel getroffen wurde. Wir wussten ja nicht wirklich, wie man vernünftig zielt oder schießt. Das war etwas, was uns das Fernsehen niemals beigebracht hatte. Wir wussten nur, dass wir abdrücken mussten.

Die kleine Kugel traf mich am Arm und es fühlte sich an wie ein Bienenstich. Ich hasste Bienen und als ich getroffen wurde, dachte ich, ich würde jetzt an einem Bienenstich sterben. Ich hatte aber nicht nur Angst zu sterben, sondern auch davor, meiner Mutter von unserem Spiel zu erzählen, denn dann hätte ich zugeben müssen, dass auch Waffen Teil davon gewesen waren und würde eine ordentliche Tracht Prügel kassieren. Wir Kinder flickten mich also notdürftig wieder zusammen und verkauften es allen als die Art Wunde, die Kinder beim Spielen nun mal bekommen. Wir hielten es einfach geheim.

Doch auch meine Mutter hatte ihre Geheimnisse vor uns Kindern. Oft ging sie die ganze Nacht lang in Clubs feiern und ständig waren neue Männer bei uns zu Hause. Uns war das aber ehrlich gesagt egal, solange wir nur die Hälfte von all den Dingen bekamen, um die wir sie baten.

Eines Tages, es war früh am Morgen, waren meine Geschwister und ich dabei, uns für die Schule anzuziehen, als ich einen Schatten an meinem Fenster vorbeilaufen sah. Ich schenkte ihm keine Aufmerksamkeit, bis ich plötzlich hörte, wie unsere Haustür eingetreten wurde und jemand rief: „RUNTER! RUNTER! POLIZEI! POLIZEI!“.

Ich konnte mich plötzlich keinen Zentimeter mehr bewegen. Ich stand einfach mit Tyrone da und beobachtete, was geschah. Die Polizisten legten meiner Mutter Handschellen an und führten sie zu einem Streifenwagen, der vor unserem Haus stand. Ihr damaliger Freund war an diesem Morgen bei uns zu Besuch, so dass wir Kinder in der Wohnung bleiben durften, doch ich stand unter Schock. Die Polizei hatte unsere Mutter abgeholt, sie ins Gefängnis gesteckt und uns nicht einmal gesagt, ob und wann sie zurückkommen würde.

Auch an diesem Tag gingen wir wie üblich zur Schule, doch dieses Mal funktionierte es für mich nicht mehr so gut wie sonst. Ich konnte einfach nicht aufhören, an meine Mutter zu denken. Ich konnte mir einfach nicht vorstellen, dass sie etwas Falsches getan haben könnte und so war ich wütend auf die Polizei, weil sie meine Mutter völlig ohne Grund eingesperrt hatten.

Als ich von der Schule nach Hause kam und meine Mutter immer noch nicht wieder zurück war, geriet ich völlig in Panik. Ich hatte keine Ahnung, was wir jetzt tun sollten, doch glücklicherweise kam unsere Tante zu uns nach Hause und kümmerte sich um uns.

Auch am nächsten Tag gingen wir wieder zur Schule und erfuhren dort von anderen Kindern, dass unsere Mutter wirklich im Gefängnis saß. Doch wir hörten nicht die üblichen blöden Sprüche, die wir sonst immer zu hören bekamen, sondern Komplimente und Worte voller Respekt. Unsere Mutter hatte den „Ghetto-Test" bestanden und war durch ihren Gefängnisaufenthalt nun eine echte „Ghetto-Mutter" geworden. Es wusste zwar niemand genau, warum sie im Gefängnis saß, aber das spielte in dem Augenblick auch keine Rolle. Sie war im Gefängnis, das war alles, was zählte. Es gab nicht viele Mütter in unserem Viertel, die im Gefängnis saßen, und so trug ihre Verhaftung zu meinem Ghetto-Status bei. Endlich wurde ich nicht mehr gehänselt, sondern ernst genommen und akzeptiert.

Ich ging noch immer gerne zum Haus meiner Tante Velina in *Olive Park* und es war normal für mich geworden, dort fast jeden Tag Gangmitglieder zu sehen, die *Olde English 800 malt liquor* tranken und Zigaretten rauchten. Ich kann heute natürlich nicht mehr sagen, ob es wirklich nur normale Zigaretten waren, oder ob es sich nicht doch um Marihuana handelte. Ich beobachtete jedenfalls wie gebannt ihren Umgang miteinander, wie sie lachten, wie sie sich gegenseitig auf den Rücken klopften und auch wie sie sich untereinander prügelten; in meinen Augen war das Liebe. Diese Männer waren wie Onkel für mich und deshalb wusste ich auch von Anfang an, dass ich später genauso werden wollte wie sie. Ich fragte sie, was ich tun müsste, um ein *Blood* werden zu können, doch sie lachten mich nur aus und sagten mir, ich sei dafür noch viel zu jung. Ich war acht Jahre alt und sehnte mich nach einer Art von Liebe, die es in meinem Leben einfach nicht mehr gab. Doch innerhalb dieser Gruppe schien sie noch zu existieren.

Ich wollte wie gesagt unbedingt einer von ihnen werden und wusste, dass ich alles tun würde, was dafür nötig war, egal wie alt ich war. Ob acht oder achtzehn, es machte für mich keinen Unterschied. Ich bat sie immer wieder darum, Teil der Gang werden zu dürfen, doch sie ignorierten mich auch weiterhin. Also machte ich immer mehr dumme Sachen, nur um ihnen zu zeigen, dass ich im Herzen wirklich einer von ihnen war. Ich begann, nur noch rote Kleidung zu tragen, wenn ich zu meiner Tante ging (oft mehrere verschiedene Rottöne, die gar nicht zueinander passten), ich bewegte mich wie sie, versuchte zu sprechen wie sie, usw.! Eines Tages zeigte mir mein Onkel Michael dann etwas, was mir meine Entscheidung, ein *Blood* werden zu wollen, noch sehr viel leichter machte.

Es war einer dieser bedeckten Tage, an denen die Wolken einfach am Himmel vorbeizogen und es gerade lange genug regnete, um ein gutes Basketballspiel zu unterbrechen. Wir standen unter dem Vordach des Hauses und warteten darauf, dass eine weitere Wolke vorbeizog, da bemerkte ich einen Verband an Michaels Arm. Ich fragte ihn, was ihm passiert sei und er antwortete, er sei „*gepopped*“ worden. Da ich dieses Wort noch nie gehört hatte, aber so viel wie möglich lernen wollte, fragte ich ihn nicht einfach nur nach der Bedeutung, sondern bat ihn auch darum, mir die Wunde zu zeigen. Er zog das Pflaster vom Arm ab und zeigte mir das Einschussloch in seinem Arm und den Bluterguss drum herum. Er erzählte mir, dass die *Crips* ihn beim „*Ausrutschen*“ (Herumlungern außerhalb seines eigenen Territoriums) erwischt und ihm eine Lektion erteilt hätten. Das war der Moment, in dem ich wusste, dass ich ein *Blood* werden wollte; jetzt mochte ich nichts mehr an den *Crips*.

Ein paar Wochen später spielten mein älterer Bruder Donta und ich wieder in der Auffahrt, als mein Onkel Michael und einige seiner Kumpel auf uns zukamen. Sie sagten, dass sie uns jetzt in die Gangfamilie einführen würden. Wir wussten nicht, was das genau bedeutete und auch nicht, was uns erwartete, bis sie anfingen auf uns einzuschlagen. Sie waren absolut rücksichtslos und riefen immer wieder, dass sie uns nicht in die Gang aufnehmen könnten, wenn wir jetzt weglaufen oder uns ergeben würden. Donta und ich kämpften also, wie wir noch nie zuvor gekämpft hatten. Keiner von uns wollte vor dem Anderen schlecht dastehen. Fast fünf Minuten lang schlugen die Männer auf uns ein, dann hörten sie abrupt auf und lächelten. Wir lagen verletzt am Boden, doch keiner von uns war weggelaufen und wir hatten uns die ganze Zeit über gewehrt. Die Älteren sahen uns voller Stolz an und befahlen uns, ihnen den Eid nachzusprechen: „*Blood in. Blood out.*“, so wurden wir endlich Mitglieder der *Blood Stone Villains*.

Danach begannen wir fast sofort damit, unser Unwesen in der Nachbarschaft zu treiben. Dabei waren wir in alle Arten von Ärger verwickelt, auch wenn es anfangs natürlich noch absolut harmlos war. Wir bewegten uns weiter vom Haus weg, als wir gedurft hätten, blieben auch noch draußen, nachdem die Straßenlaternen bereits eingeschaltet waren und rebellierten auch sonst viel mehr.

Meine Mutter bemerkte diese Veränderung natürlich und ließ mich daraufhin nicht mehr zum Haus meiner Tante gehen, doch es war schon zu spät. Ich war jetzt ein Teil der Gang und wollte nichts anderes mehr sein. Die Nachbarschaft, in der wir lebten, bestand allerdings überwiegend aus *Crips* und so geriet ich immer öfter in Kämpfe mit den Kindern, mit denen ich früher gespielt hatte und die wie ich gerade erst in ihre eigene Gang aufgenommen worden waren. Meine Noten wurden zwar nicht schlechter, aber ich kümmerte mich auch nicht mehr besonders viel um die Schule, denn jetzt wollte ich ein echtes Gangmitglied werden. Ich war erst in der vierten Klasse.

Als ich in die sechste Klasse kam, war ich total aufgeregt, denn dafür würde ich noch einmal die Schule wechseln müssen. Ich sollte auf eine Schule kommen, über die jeder sprach, denn dort gab es ganz offensichtliche Bandenaktivitäten, es war keine Spielerei mehr, sondern ein echt heißes Pflaster.

Die Schule hieß *Martin Luther King Middle School* (was für eine Ironie!) und lag in einem von den *Bloods* kontrollierten Viertel namens *Stixx*. Doch die Kinder kamen aus allen möglichen Vierteln und mussten die *MLK-Mittelschule* besuchen, weil sie im Einzugsgebiet lebten. Das machte die Schule natürlich zu einem Pulverfass für die Kinder, die in verschiedenen Gangs waren und Bestätigung durch ihre *Elders*, die *O.G.*'s (Original Gangster) suchten.

Wir standen täglich in zwei Gruppen auf dem Schulhof, die eine Gruppe komplett in Rot gekleidet, so wie ich, die andere Gruppe in blau. Es passierte zwar nie etwas wirklich Schlimmes, aber es gab viele böse Blicke, Beleidigungen und Rempeleien; die Luft war zum Schneiden dick und niemand fühlte sich sicher.

In den ersten sechs Monaten hatte ich ständig Auseinandersetzungen mit den Lehrern, deswegen schickte man mich auch bald in eine Klasse für „Problemkinder". Schon als ich die Klasse betrat, wusste ich, dass ich dort erst die richtigen Probleme bekommen würde. Im Klassenzimmer saßen Kinder, die zu verschiedenen Gangs gehörten und denen man einfach gesagt hatte, sie seien schlecht und nicht für den normalen Schulbetrieb geeignet! Was könnte einem Kind auch besser helfen, von der Straße wegzukommen, als es mit anderen Kindern von der Straße in einen Raum zu sperren und ihnen allen zu sagen, dass sie eine Bürde für die Gesellschaft wären?

Ich setzte mich an meinen Platz und begann mit der Arbeit, die mir die Lehrerin auf den Tisch gelegt hatte. Während ich noch ernsthaft versuchte, mich auf meine Aufgabe zu konzentrieren, stand einer der anderen Jungen auf, ging an meinem Tisch vorbei und nahm sich meinen Bleistift. Ich erwischte ihn dabei und musste lachen, denn ich erkenne es, wenn man mich testen will; und dieser Junge wollte mich definitiv testen, schließlich war ich der Neue in der Klasse. Er hatte den Stift so schnell und geschickt an sich genommen, dass die Lehrerin es nicht gesehen hatte und ich sagte ihm sofort, er solle ihn zurücklegen. Er aber lachte mich nur aus, ging zum Bleistiftanspitzer und spitzte meinen Bleistift demonstrativ an.

Als er wieder zu meinem Platz kam, stand ich auf und schlug ihm ins Gesicht. Er hatte nicht damit gerechnet und fasste sich an die Nase, doch ich schlug weiter auf ihn ein, so lange, bis die Lehrerin dazwischen gehen konnte und dem anderen Jungen sagte, er solle sich zurück auf seinen Platz setzen. Mir sagte sie, ich solle sofort das Klassenzimmer verlassen, sie würde später mit mir reden, doch ich ging einfach zurück zu meinem Pult, setzte mich hin und ignorierte sie. Mir war klar, dass sie glauben musste, ich hätte den Streit angefangen, sie hatte ja nur gesehen, wie ich den Jungen schlug.

Noch einmal forderte sie mich dazu auf, das Klassenzimmer zu verlassen, dieses Mal lauter. Da explodierte ich, denn ich wusste, dass ich unfair bestraft wurde, ich hatte den Streit nicht angefangen. Als ich aufstand, schob ich also Tisch und Stuhl mit Schwung von mir weg und der Tisch fiel um; dass er dabei meiner Lehrerin auf den Zeh fiel, sah ich allerdings nicht mehr, denn ich war bereits auf dem Weg zur Tür. Ich öffnete sie, ging in den Flur und wartete dort darauf, dass meine Lehrerin herauskommen würde.

Doch stattdessen sah ich knapp dreißig Minuten später zwei Polizisten auf mich zukommen. Sie legten mir sofort Handschellen an, brachten mich in das Büro des Direktors und teilten ihm mit, dass sie mich jetzt ins Gefängnis bringen würden. Ich glaubte natürlich, sie würden mich wegen der Schlägerei mitnehmen, also versuchte ich, ihnen zu erklären, dass der andere Junge angefangen hatte, nicht ich. Noch während sie mich aus dem Gebäude und zu ihrem Dienstwagen führten, versuchte ich, ihnen immer verzweifelter klar zu machen, dass der andere Junge sich meinen Stift genommen hatte, um mich zu testen.

Erst auf der Fahrt zum Revier sprach mich dann einer der Polizisten direkt an und sagte: „So so, du verprügelst also gerne Lehrer?"

Überrascht sah ich ihn an und fragte: „Wovon reden Sie? Ich habe mich mit einem der anderen Jungs geprügelt, das habe ich doch die ganze Zeit versucht, Ihnen zu erklären!"

Er antwortete: „Das ist nicht das, was wir gehört haben. Wir haben gehört, dass du dein Pult genommen und nach der Lehrerin geschmissen hast, dabei hast du ihr den Zeh gebrochen."

„Ich habe keinen Tisch nach ihr geworfen, ich hatte nur einen Streit", sagte ich.
Doch die Polizisten antworteten nicht mehr, sondern fuhren weiter zur Haftanstalt und brachten mich hinein.

Als Erstes wurde ich gefragt, ob ich ein Bandenmitglied sei. Auch wenn diese Frage für Außenstehende erst einmal banal klingt, so hat die Antwort doch große Auswirkungen auf den weiteren Verlauf. Damals glaubte ich allerdings noch, dass Bandenmitglieder einfach schlechter behandelt werden würden, also verneinte ich, um mir spätere Probleme zu ersparen. Ich wurde ausgezogen und am ganzen Körper durchsucht, man duschte mich und gab mir Kleidung zum Wechseln, die mir einige Nummern zu groß war. Als ich schließlich in meine Zelle gebracht wurde, war es später Abend und der Zellentrakt war bereits für die Nacht geschlossen worden. Es waren also alle Türen geschlossen, bis auf eine, so wusste ich gleich beim Betreten des Traktes, welches meine Zelle sein würde.

Am nächsten Morgen wurden die Zellen geöffnet und ich stand plötzlich einer Überzahl von *Crips* gegenüber, die mich ansahen, als hätte ich den Verstand verloren. Manche kannten mich noch von der Straße und wussten sofort, dass ich nicht in diesen Teil des Gefängnisses gehörte, ich war ein *Blood*. Und ich wusste, dass es für mich jetzt erst richtig mit dem Kämpfen losgehen würde.

Doch statt mit mir zu kämpfen, fragten sie mich in aller Ruhe, was passiert war und wieso ich in „ihrem"

Trakt gelandet sei. Ich erzählte ihnen von der Schulschlägerei und auch von der Behauptung der Lehrerin, ich hätte einen Tisch nach ihr geworfen. Daraufhin fragten sie mich ganz direkt, wie ich in ihrer Wohneinheit landen konnte und ich erklärte ihnen, dass ich es auch nicht genau wüsste. Also wollten sie wissen, was ich bei der Aufnahme gesagt hatte, als ich nach einer möglichen Bandenzugehörigkeit gefragt worden war. Ich erzählte ihnen, dass ich natürlich alle Kontakte zu einer Gang abgestritten hatte und sie antworteten, dass ich deswegen in ihrer Wohneinheit gelandet wäre. Der Beamte in der Aufnahme hatte meine Anschrift gesehen und gewusst, dass meine Wohngegend von den *Crips* kontrolliert wurde, deswegen hatte er mich auch zu ihnen gesteckt. Es war an diesem Tag reines Glück, dass ich noch nicht so tief in Gangaktivitäten involviert war, dass man mich als gefährlich hätte ansehen können und dass einige der Kinder mich noch von der Straße her kannten.

Noch am selben Tag holte meine Mutter mich wieder aus dem Gefängnis, doch die *MLK-Mittelschule* habe ich danach nie wieder betreten. Ich war elf Jahre alt und war zum ersten Mal ins Gefängnis gekommen; aber es würde bestimmt nicht das letzte Mal bleiben.

KAPITEL 3

Während meine Mutter noch auf eine Sozialwohnung in *Section 8* wartete, wurde woanders ein schönes Haus für uns frei. Die staatliche Wohnungsbaugesellschaft verlegte alle Familien der Eastside, die bestimmte Kriterien erfüllten, in die Vororte auf der schöneren Seite der Stadt. Dort zogen wir in ein neues Zuhause, ein schönes zweistöckiges Gebäude mit drei Schlafzimmern und zwei Badezimmern. Es gab sogar eine Garage für ein Auto. Für uns Kinder fühlte es sich an, als seien wir plötzlich reich geworden.

Nach dem Umzug musste ich natürlich auch wieder die Schule wechseln, die neue Schule war die *Woodlake Elementary*. Ich kannte sonst niemanden, der von einer Mittelschule zurück auf die Grundschule geschickt worden war und ich merkte schnell, dass die anderen Kinder in der neuen Schule zu mir aufsahen. Ich war das einzige echte Bandenmitglied dort und damit ein kleiner Superstar. Ich kam von der Eastside, dem echten Ghetto. Ich war erst elf Jahre alt, hatte aber schon einiges erlebt, bevor ich die *MLK Middle School* verlassen hatte. *Woodlake* war das Schlimmste, was mir an diesem Punkt meines Lebens passieren konnte, denn ich liebte die Aufmerksamkeit, die ich von meinen Klassenkameraden bekam.

In *Woodlake* durften wir sogar unseren Walkman mit in die Schule nehmen, das hatten wir in der Eastside nie gedurft. Eines Tages brachte ich also meinen Kassettenrekorder und die Kassette „*The Chronic*" von Dr. Dre mit auf den Pausenhof. Zu dieser Zeit war es das Album, das alle im Viertel hörten. Es war ein Album, das den Lebensstil der Gangs gut wiedergab, und dem die anderen Kinder deshalb gerne nachgeeifert hätten. Als sie herausfanden, was ich hörte, wollten sie auch alle einmal den Kopfhörer haben. Ihre Eltern erlaubten ihnen nicht, diese Art von Musik zu hören, also ließ ich die Kassette immer und immer wieder laufen und jeder durfte einmal mithören.

Die Lehrerin sah natürlich, wie der Walkman unter den Tischen herumgereicht wurde und fragte, was wir da hörten. Sie nahm den Walkman, setzte sich die Kopfhörer auf und hörte kurz in die Texte von Dr. Dre rein. Fast sofort nahm sie die Kopfhörer wieder ab, nahm mir die Kassette weg und schickte mich ins Büro des Direktors. Der rief meine Mutter an und sagte ihr, was für eine Musik ich in der Schule gehört hatte und dass so etwas nicht akzeptiert werden könne.

Sie schickten mich mit einem Meldebogen und der Kassette nach Hause, auf dem meine Mutter den Erhalt der Kassette bestätigen sollte. Als ich nach Hause kam, war sie dann auch wie erwartet stinksauer. Aber sie war nicht etwa böse, weil ich diese Musik gehört hatte oder weil ich die Kassette mit in die Schule genommen hatte, sie war lediglich sauer, weil ich fast ihre Kassette verloren hätte; es gab also mal wieder eine ordentliche Tracht Prügel.

In der siebten Klasse musste ich dann wieder die Schule wechseln. Ich ging zurück auf die Middle School oder auch Junior High, wie sie im reichen Teil der Stadt genannt wurde. Die *Kirby Jr. High School* in Kirby (TX) war wie eine andere Welt. Es ging nicht mehr um Gang-Mentalität, sondern um schicke Kleidung und darum, wer wie viel Geld hatte. Ich wusste, dass ich bei beidem nicht würde punkten können, also tat ich das für mich Naheliegendste, um im Beliebtheitswettbewerb doch noch vorne mit dabei zu sein: Ich begann damit, Football zu spielen.

Das hatte ich bisher noch nie getan und niemand glaubte wirklich daran, dass ich eine große Chance hätte; am wenigsten ich selbst. Ich wäre zwar gerne *Quarterback* geworden, doch es stellte sich schnell heraus, dass ich nicht besonders weit werfen konnte und den Ball selbst dann nicht zum *Receiver* bekommen hätte, wenn er ihn mir direkt aus der Hand gerissen hätte.

Ich wurde also in die zweite Mannschaft gesteckt. Kirby hatte zwei Teams, ein blaues Team (das erste Team) und ein weißes Team (das zweite Team). Das weiße Team spielte gegen die zweiten Teams der anderen Schulen. Als ich mein erstes Spiel bestritt, wollte der Trainer keine Pässe werfen lassen, weil er genau wusste, dass ich den Ball nicht so weit werfen konnte. Als wir im vierten Viertel in Führung lagen, hat er es dann aber doch mal versucht. Ich kannte den Spielzug und hätte ihn vermutlich auch spielen können, aber mein Problem war nicht, den Ball zu werfen; nein, mein Problem war die Angst davor, umgerannt zu werden. Ich wollte nicht alleine hinter all den anderen stehen und das gemeinsame Ziel für einen Angriff der Gegner sein. Diese Angst sollte sich sowohl als Fluch als auch als Segen herausstellen.

Das Negative war, dass es keine Passvielfalt in unseren Angriffen gab, ich schaffte es einfach nicht, den Ball zu werfen; doch ich konnte laufen. Wenn der Spielzug aufgerufen wurde, rannte ich sofort wie ein Irrer. Beim ersten Mal lief ich über 80 Yards und wurde umgeworfen, bevor ich punkten konnte. Beim nächsten Versuch rannte ich wieder los, schaffte wieder um die 70 Yards und punktete. Jetzt wusste mein Trainer endlich, wo meine Stärke lag, es war einfach nicht das Werfen, sondern das Laufen.

In jedem Spiel, das wir von da an spielten, schaffte ich mindestens einen *Touchdown*. Als ich dann von der siebten in die achte Klasse wechselte, bat man mich, als *Quarterback* für das blaue Team zu spielen, doch ich weigerte mich, da ich in der weißen Mannschaft mittlerweile viele Freundschaften geschlossen hatte. In der achten Klasse lief es deshalb wie gewohnt weiter, ich machte einen *Touchdown* nach dem anderen. Und auch vor dem Wechsel in die neunte Klasse wurde ich noch einmal von den Trainern gefragt, ob ich nicht vielleicht doch in der High School Football spielen wolle. Sie schlugen mir vor, *Running Back* zu werden und ich sagte, dass ich darüber nachdenken müsse.

Die 9. Klasse besuchte ich dann auf der *Judson High School* in Converse (TX). Wenn es um Football ging, hatte die *Judson* das wohl beste Team des ganzen Staates Texas. Die *Judson High School* war groß, dort gingen Schüler der 9., 10., 11. und 12. Klasse hin. Der Campus war zweigeteilt, eine Hälfte war für die Schüler der neunten und zehnten Klasse reserviert, der sogenannte *Grey Campus*, die andere Hälfte gehörte den Schülern der elften und zwölften Klasse. Die Schule hatte sogar ein eigenes Footballstadion, mit dem sie den meisten professionellen Mannschaften Konkurrenz hätte machen können.

Es war auch die erste Schule, auf der die Schüler wirklich so etwas wie Freiheit und persönliche Verantwortung hatten. Die Schule hatte keine Überwachung auf den Fluren, die Schüler konnten selbstständig in die Schulkantine gehen, um zu essen, konnten sich selbst Essen mitbringen und durften auch alleine nach Hause gehen. Ich war 13 Jahre alt und hatte so etwas noch nie zuvor erlebt. Jede Schule, die ich bis dahin besucht hatte, hatte uns mit Adleraugen überwacht.

Trotzdem mochte ich die *Judson* nicht besonders, weder die Schüler noch die Lehrer. Die meisten Schüler dort waren Sportskanonen mit reichen Eltern, die über Leute wie mich nur die Nase rümpften. Außerdem war die *Judson* auch die erste Schule, in der ich echten Rassismus erlebte. Ich hatte zu dieser Zeit schon meinen eigenen Kleidungsstil, der sehr vom Ghetto geprägt war. Er bestand meist aus *Dickie Pants* (Arbeitshosen) und einem langen T-Shirt mit passenden *Converse*-Schuhen. Und natürlich waren alle meine Kleidungsstücke rot, schließlich war ich ein *Blood*. Das ganze Outfit kostete vielleicht $ 30, nicht einmal halb so viel wie allein die *Jordans* meiner Mitschüler gekostet hatten. Meine Mutter konnte sich teure Kleidung einfach nicht leisten, und außerdem waren diese Schuhe sowieso nicht mein Stil.

Irgendwann sah ich einmal ein weißes Mädchen, mit dem ich mich einfach gerne unterhalten hätte. Für mich war das ein großer Schritt, denn ich mochte keine weißen Frauen, weil ich in der Vergangenheit bereits meine Erfahrungen mit ihnen gemacht hatte. Ich ging trotzdem auf sie zu und fragte sie nach ihrem Namen.

„Verrätst du mir, wie du heißt?", fragte ich sie lächelnd.

Sie sah mich beinahe angeekelt an, drehte sich zu ihren Freundinnen um und sagte: „Schaut euch bloß diesen Nigger an!"

Sie alle lachten und gingen weg und ich war nicht einmal besonders schockiert. Es bestätigte einfach nur meine Vorbehalte, die ich gegenüber weißen Frauen hatte. Außerdem wusste ich, dass weiße Frauen nicht grundsätzlich rassistisch waren, sie sprachen ständig mit schwarzen Männern. Ich wurde allerdings wegen meiner Kleidung und meiner Mitgliedschaft in einer Gang so behandelt. Ich schätze, für diesen Typ Frau ist einfach jedes schwarze Gangmitglied sofort ein Nigger.

Langsam kam ich in die Pubertät und wurde dadurch noch rebellischer. Eines Tages waren meine Mutter und ich wieder schlimm aneinandergeraten, ich weiß allerdings nicht mehr, worum es ging. Doch es muss wirklich schlimm gewesen sein, denn sie verprügelte mich wieder mit dem Gürtel. Ich hatte mich inzwischen an die Prügel gewöhnt und ein Gürtel machte mir schon lange nichts mehr aus. Als sie also ausholte und mich schlug, stand ich einfach nur da und wartete ab. Sie schlug noch einmal zu und ich reagierte wieder nicht. Also ließ sie den Gürtel fallen und schlug stattdessen mit ihren Fäusten auf mich ein, während sie schrie, dass ich noch immer klein genug wäre, um mir den Arsch aufreißen zu können. Ich stand weiter einfach da und ließ alles über mich ergehen.

Irgendwann wurde ich es leid und ging einfach weg, ich versuchte an ihr vorbei zur Tür zu kommen. Meine Mama zog ihren Elektroschocker aus der Tasche und versuchte, mich damit zu betäuben. Ich lief vor ihr weg, rannte die Treppe hinunter und zur Haustür hinaus. Als ich merkte, dass sie mir nicht folgen würde setzte ich mich auf die Treppe, um mich zu beruhigen und auch ihr Zeit dafür zu geben, doch nach etwa zehn Minuten kam die Polizei, um mir Handschellen anzulegen. Mama kam nach draußen, als sie sah, dass die Polizei da war und sagte ihnen, sie sollten mich zurück ins Gefängnis bringen, ich hätte sie angegriffen. Wie schon beim ersten Mal bettelte ich die Polizisten an und erklärte ihnen, dass nicht ich diesen Streit begonnen hatte, doch auch sie hörten nicht zu.

Ich ging also wieder zurück ins Gefängnis, ich war 13 Jahre alt und das war bereits mein zweiter Aufenthalt dort. Wieder wurde ich geduscht, wieder wurde ich durchsucht und wieder wurde ich gefragt, ob ich einer Gang angehörte. Ich hatte meine Lektion gelernt und erklärte sofort, ich sei ein *Blood*. Sie steckten mich also in den Wohntrakt, der für die *Bloods* reserviert war und in dem ich relativ sicher sein würde.

Dieses Mal blieb ich fast drei Monate lang in der Jugendstrafanstalt. Es war zwar nur eine leichte Körperverletzung gewesen, aber da meine Mutter mich nicht rausholen wollte, musste ich trotzdem dort bleiben. Irgendwann brachten sie mich dann zum Gericht und dort sah ich meine Großmutter. Mein Fall wurde aufgerufen, sie meldete sich und sagte, man solle mich doch bitte in ihre Obhut entlassen. Sie erklärte, sie hätte mich schon viel früher abgeholt, aber niemand hatte ihr gesagt, dass ich im Gefängnis gelandet sei. Ich wurde also freigelassen, bekam eine Bewährungsstrafe und zog in ihr Haus auf der Eastside.

Das war eine der besten Entscheidungen, die ich je getroffen habe, denn im Haus meiner Großmutter gab es sehr viel Liebe und nur sehr wenig Regeln. Sie verbot mir, im Haus Marihuana zu rauchen oder Mädchen mit nach Hause zu bringen und bat mich darum, sie anzurufen, falls ich einmal länger wegbleiben würde. Doch ihre wichtigste Regel war, dass ich arbeiten oder zur Schule gehen solle. Da ich erst 13 war, kam arbeiten noch nicht infrage, und so ging ich zurück in die Schule.

Ich ging auf die *Roosevelt High School*, obwohl die eigentlich in einem ganz anderen Bezirk lag. Normalerweise hätte ich die *Sam Houston High School* besuchen müssen, doch die war wie eine *MLK Middle School* auf Drogen. In der *Sam Houston High School* waren die Bandenaktivitäten so schlimm, dass sie an den Eingängen Metalldetektoren hatten. Meine Großmutter wusste also, dass ich dort sehr schnell wieder in Schwierigkeiten geraten würde. Sie war eine kluge Frau und wusste, dass ich ein Bandenmitglied war. Sie hatte schließlich schon meinen Onkel Michael großgezogen, der mittlerweile wegen Mordes eine Haftstrafe von fünfzig Jahren im Gefängnis absitzen musste, und kannte die Anzeichen, also schickte sie mich lieber auf eine Schule am anderen Ende der Stadt.

Auf der *Roosevelt High* gab es alles Mögliche an Kindern. Ich ging gern auf diese Schule, weil mich dort niemand argwöhnisch beäugte. Doch leider blieb ich nicht lange dort, da mein Großvater mit mir auf die andere Seite der Stadt zog und ich wieder einem anderen Schulbezirk zugeteilt wurde. Ich wechselte auf die *Robert E. Lee High School*, die wohl den bis dahin für mich schlimmsten Rassismus verkörperte.

Vor dem Schulgebäude hing eine riesige Konföderiertenflagge, ein unverhohlenes Symbol für Sklaverei und Rassismus. Die meisten der Schüler waren weiß und, in Ermangelung eines besseren Wortes, einfach „*Redneck*". Sie trugen enge Jeanshosen, Cowboystiefel und Cowboyhüte, sie fuhren mit großen Trucks zur Schule, auf deren Ladeflächen die Flagge der Konföderierten wehte. Sie verkehrten nicht mit uns Schwarzen oder den Hispanics und sie benutzten Worte wie „Nigger" und „Spic" mit einer Selbstverständlichkeit, als ob sie einen einfach grüßen wollten. Eigentlich hat mich Rassismus damals nicht wirklich gestört, ich verstand die komplexen Zusammenhänge noch nicht, doch ich wusste, dass das Wort „Nigger" eine abfällige Bezeichnung für Schwarze und „Spic" eine für Hispanoamerikaner war.

Ich sprach an dieser Schule also mit niemandem, außer mit Frauen. Die Jungs mieden mich, weil ich ein Bandenmitglied war, und sie mieden mich, weil ich schwarz war. Die Einzigen, die mit mir sprachen, waren die Mädchen. Und das war für mich völlig in Ordnung, denn Mädchen waren auch die Einzigen, mit denen ich wirklich zusammen sein wollte.

Mein Großvater und ich kamen leider nicht wirklich gut miteinander aus. Er hatte keine Ahnung von Kindererziehung, er hatte ja nicht mal seine eigenen Kinder großgezogen und ich kannte ihn auch nicht besonders gut. Wir konnten einfach nicht miteinander reden.

Ihm gehörte ein jamaikanisches BBQ-Restaurant und ich musste jeden Tag nach der Schule direkt mit dem Bus zur Arbeit fahren. Dann arbeitete ich bis zum Feierabend im Restaurant und wir fuhren zusammen nach Hause. Das war unsere tägliche Routine und ich glaube nicht, dass ich jemals alleine in seinem Haus gewesen bin. Er vertraute mir einfach nicht genug, um mich alleine in seinem Haus zu lassen, eigentlich vertraute er dafür niemandem genug.

Irgendwann hatte ich dann die Nase voll von dieser Situation und sagte ihm, dass ich wieder ausziehen würde. Für ihn war das völlig in Ordnung, denn er hatte sowieso nie wirklich gewollt, dass ich bei ihm wohnte. Also zog ich weiter zu meiner Tante. Ich hatte nur wenige Monate bei Großvater gewohnt und dort die *Lee High School* besucht, bevor ich wieder Wohnung und Schule wechselte.

Meine Tante lebte in einem der besseren Stadtviertel, in dem über 90 % der Anwohner weiß waren. Ich wechselte auf die *Douglas MacArthur High School* und in dem Moment, in dem ich das Gebäude betrat wusste ich, dass ich auch diese Schule nicht mögen würde. Wirklich jeder Lehrer war weiß, genauso wie die Mehrheit der Schüler. Ich war wieder der Außenseiter, der Neue und niemand konnte oder wollte mich so richtig akzeptieren, jedenfalls habe ich mich an dieser Schule nie wohlgefühlt. Ich versuchte wirklich, mich anzupassen, doch es fiel mir schwer, mich unter diesen Menschen zu entspannen.

Ich habe in jeder Schule gut mitgearbeitet und dementsprechend auch immer gute Noten nach Hause gebracht, doch abgesehen davon schottete ich mich immer mehr ab. Wenn ich mit meiner Arbeit fertig war, ging ich einfach wieder und habe mir etwas Interessanteres zu tun gesucht. Auch auf der *MacArthur High School* blieb ich nicht lange, denn bald musste ich schon wieder zurück zu meiner Großmutter ziehen, weswegen ich wieder einmal auf die *Roosevelt High* wechselte. Ich wurde eine Klasse zurückgestuft und war damit älter als alle anderen Kinder der Klasse, was mich normalerweise gar nicht interessiert hätte, doch ich langweilte mich fürchterlich und geriet wieder in Ärger, so dass ich nach 3-4 Monaten der Schule verwiesen wurde.

Meine Großmutter bestand allerdings weiterhin darauf, dass ich zur Schule ging, anstatt mir einen Job zu suchen, also zog ich wieder zu meiner Mutter und ging nun wieder zur *Judson High School*. Pflichtgemäß meldete ich mich dort an und wurde dieses Mal sofort wieder in die Klasse für verhaltensauffällige Kinder gesteckt. Obwohl die *Judson High School* eigentlich eine teure Privatschule war, war der Unterricht für die verhaltensauffälligen Kinder komplett anders.

Auf unserem Schulhof gab es eine starke Polizeipräsenz, unser Schulbus hatte vergitterte Fenster und jeder Schüler musste leuchtend gelbe Hemden mit einer Nummer auf dem Rücken tragen, so dass er schon von weitem zu erkennen war. Ich hielt es knapp eine Woche lang dort aus, dann weigerte ich mich, diese Schule weiterhin zu besuchen.

Meiner Mutter gefiel es natürlich überhaupt nicht, dass ich die Schule schon wieder abgebrochen hatte und wir stritten uns, am Ende warf sie mich dann endgültig aus dem Haus. Jetzt lebte ich also auf der Straße, zusammen mit Freunden aus der Nachbarschaft. Immer wieder brach ich in fremde Häuser ein, um sie auszurauben und die Beute zu verkaufen, damit ich mir etwas zu essen kaufen konnte. Natürlich ging das nicht lange gut und man erwischte mich schon bald bei einem der

Einbrüche, so dass ich zum dritten Mal in die Jugendstrafanstalt kam. Dieses Mal blieb ich dort anderthalb Monate, bis meine Großmutter kam, um mich herauszuholen. Sie sagte mir, dass ich wieder bei ihr leben würde, da ich überall sonst zu viel Ärger gemacht hätte, nur bei ihr hätte ich mich einigermaßen gut benommen.

Ich zog also wieder bei ihr ein und fand schnell einen Job in einer Werkstatt um die Ecke. Mein Onkel war mit der Mutter des Besitzers verheiratet und so bekam ich den Job. Ich begann also mit 14 Jahren im *Dollar Bills Auto Detail Shop* zu arbeiten und behielt diesen Job, bis ich 21 Jahre alt war.

KAPITEL 4

Leider war schon meine erste Erfahrung mit Sex eine Katastrophe. Ich war fünf Jahre alt und wir lebten damals in Milwaukee. Meine Mutter ging wie gesagt gerne und oft über Nacht aus und bat dann unsere Nachbarin, auf uns aufzupassen. Ich weiß nicht mehr genau, wie alt die Nachbarin war, aber ich schätze, sie muss ungefähr 13 oder 14 Jahre alt gewesen sein. Sie hatte eine Schwester, die in meinem Alter war, das war meine beste Freundin Nicole. Jedes Mal, wenn unsere Nachbarin auf uns aufpasste, brachte sie also ihre kleine Schwester Nicole mit oder wir gingen zu ihnen und spielten dort.

Als ich mal wieder bei den beiden zu Hause war, schlug meine Babysitterin vor, „Familie" zu spielen, dafür mussten Nicole und ich nur so tun, als seien wir verheiratet. Meine Babysitterin verlangte dann, dass wir beide uns nackt ausziehen und „zeigte" uns dann, was Sex ist. Sie erklärte uns alles ganz genau und bat mich dann darum, sie oral zu befriedigen. Ich hatte keine Ahnung von Oralsex, aber ich tat es. Mittendrin wechselten wir die Positionen und sie machte es mir auch mit dem Mund. Nicole und ich fanden das Spiel eigentlich ganz in Ordnung, denn wir verstanden ja noch gar nicht, was passierte, und hatten sonst nichts Besseres zu tun. Wir hatten also immer mal wieder „Sex".

Irgendwann waren wir dann im Hinterhof meines Wohnhauses, dort lag eine Matratze. Wir zogen uns nackt aus, wie Nicoles große Schwester es uns gezeigt hatte. Nicole legte sich dann auf die Matratze, ich legte mich auf Nicole und wir begannen mit dem „Sex", genau so, wie wir es vorher gelernt und schon öfter gespielt hatten, aber natürlich konnte ich nicht wirklich in sie eindringen. Wir waren erst fünf oder sechs Jahre alt, trotzdem taten wir alles andere, was dazu gehörte. Als wir gerade damit fertig waren und aufstanden, um uns wieder anzuziehen, kam meine ältere Schwester Tasha aus dem Haus und sah uns. Sie lief zu unserer Mutter und erzählte ihr, dass Nicole und ich nackt im Hinterhof waren, meine Mutter stürzte also hinaus, sah alles und verprügelte mich dafür schon auf dem Weg zurück ins Haus.

Ich war verwirrt, denn ich wusste ja nicht, was ich falsch gemacht hatte. Meine Babysitterin hatte mir schließlich beigebracht, dass „Sex" auch nur ein weiteres Spiel ist und man es aus Spaß tut. Das alles habe ich meiner Mutter natürlich nie erklären können, denn ich hatte fürchterliche Angst, dass sie mich dann noch einmal verprügeln würde und ich habe bis zum heutigen Tage nie wieder über diesen Vorfall gesprochen.

Das Einzige, was ich wirklich aus dieser Geschichte lernte, war, dass ich keine weißen Mädchen mochte. Nicole und ihre Schwester waren weiß und ich hatte in diesem Moment nur gesehen, wie viele Probleme sie mir gemacht hatten.

Ich glaubte lange Zeit, alle weißen Frauen seien gleich und würden Männer so ausnutzen, wie sie mich ausgenutzt hatten. Ich habe sehr lange in diesem Glauben gelebt und erst vor Kurzem erkannt, dass Nicoles Schwester es nicht getan hatte, weil sie weiß war, sondern weil sie krank war und auch ihr erst jemand beigebracht haben musste, dass Sex in diesem Alter in Ordnung und nur so eine Art Spiel war.

Ich habe später viele weiße Frauen getroffen, die sich nicht so verhalten haben, und ich habe meine Meinung, wie bei vielem anderen auch, ändern können. Aber es war schwer, auch wegen Vorfällen wie an der *Judson High School*, wo ich versucht hatte, ein weißes

Mädchen anzusprechen und einfach nur ausgelacht worden war.

Sex war für mich während meiner Jugend aber sowieso nicht sehr wichtig, ich verlor meine Unschuld mit 13 an ein anderes Mädchen aus der Nachbarschaft, das damals 11 Jahre alt war. Wir hatten fast jeden Tag Sex, bis wir dann eines Tages dabei erwischt wurden. Meine Mutter verprügelte uns beide und sagte dann der Mutter des Mädchens Bescheid, die uns daraufhin auch noch einmal verprügelte; doch wir hörten trotzdem nie damit auf. Wir versuchten von da an nur, es besser zu verstecken. Offensichtlich klappte das aber nicht wirklich, denn wir wurden noch oft erwischt und dafür verprügelt.

Als ich auf der *Kirby Jr. High School* war, ging ich mit einem Mädchen namens K. Young aus. Sie war genau mein Typ, groß, schlank und braun wie dunkle Schokolade. Weil wir denselben Nachnamen trugen, erzählten wir allen in der Schule, wir seien verheiratet.

Bald bat K. mich, sie von der Schule nach Hause zu bringen. Ihr Haus war nicht weit von der Schule entfernt, meines schon. Ich sagte ihr, dass ich sie trotzdem gerne nach Hause bringen und danach einfach nach Hause laufen würde. Als ich sie zum ersten Mal nach Hause gebracht hatte, standen wir an der Seite des Hauses und küssten uns bestimmt zwei Stunden lang. Wir wollten uns einfach nicht voneinander trennen, sie konnte mich aber auch nicht ins Haus lassen, da ihre Mutter jeden Moment nach Hause kommen würde.

Für meinen Weg nach Hause brauchte ich über eine Stunde, so dass ich dort erst gegen 19 Uhr ankam. Schulschluss war bereits um 15 Uhr gewesen und normalerweise war ich deswegen schon viel eher zu Hause, doch an diesem Tag war ich wie gesagt sehr verspätet. Meine Mutter fragte mich also, wo ich gewesen sei und ich antwortete, dass das Footballtraining länger gedauert hätte und ein paar Spieler zu Fuß nach Hause gegangen wären. Mit dieser Lüge konnte ich meine Treffen mit K. dann auch die ganze Footballsaison über verheimlichen. Doch als die Saison vorbei war, funktionierte die Lüge natürlich nicht mehr, also sagte ich meiner Mutter einfach die Wahrheit. Ich erzählte ihr, dass ich eine Freundin hatte und sie jeden Tag von der Schule nach Hause brachte.

Meine Mutter war gar nicht glücklich darüber und brummte mir deshalb die härteste Strafe auf, die ich je von ihr bekommen habe. Ich durfte mein Zimmer nur noch verlassen, um auf die Toilette zu gehen oder zu Abend zu essen. Mein Zimmer lag im zweiten Stock und das Fenster ging auf den Hinterhof hinaus, so dass ich sechs Monate lang nichts anderes mehr sah als die Rückseite der anderen Häuser; ein halbes Jahr, so lange dauerte mein Hausarrest. Irgendwann während dieser Strafe trennten K. und ich uns und obwohl ich sie sehr oft nach Hause gebracht hatte, hatten wir doch nie miteinander geschlafen. Die Strafe, die ich für diese Beziehung erhielt, war allerdings meine erste Erfahrung mit der Isolationshaft.

Ich erinnere mich auch noch an das erste Mal, dass ich mir Filzläuse einfing. Ich hatte Sex mit einem Mädchen gehabt, das direkt aus dem Ghetto stammte. Ich war etwa 16 und lebte zu dieser Zeit bei meiner Großmutter.

Eines Tages war ich auf der Arbeit und konnte plötzlich nicht mehr damit aufhören, mich im Schritt zu kratzen. Ich dachte mir nichts dabei, ging an diesem Tag aber früher nach Hause und saß dann dort auf der Toilette, um mir das Problem genauer anzusehen. Ich durchkämmte mein Schamhaar, pflückte eine der Filzläuse heraus und sah sie mir genau an. Der Anblick schockierte mich sehr, denn das Ding zwischen meinen Fingern sah aus wie eine kleine Krabbe und bewegte sich! Ich warf das Tier schnell in die Toilette, spülte, machte mich sauber und ging dann zu meiner Oma.

„Oma, bei mir da unten krabbeln Tiere rum und das juckt ganz schlimm."

Sie erwiderte, ich solle es ihr zeigen und ich antwortete schockiert: „Oma, du darfst das da unten doch nicht sehen!"

„Junge, ich habe dir schon als Baby die Windeln gewechselt, da unten gibt es für mich nichts Neues mehr zu entdecken."

Ich lachte verlegen und sagte: „Oma, das ist doch nicht wie früher, als ich noch Windeln anhatte."

Sie packte mich am Gürtel, zog mich zu sich und öffnete meine Hose. Das war der wohl peinlichste Moment in meinem Leben, da stand ich also plötzlich mit heraushängendem Penis vor meiner Oma, während sie sich die erste Geschlechtskrankheit meines Lebens ansah.

Sie suchte meine Schamhaare ab, fand eine Filzlaus und sagte: „Da hast wohl ein paar wirklich unsaubere Mädchen gefickt! Geh ins Bad, rasier dir da unten alle Haare ab und wasch dich dann mit dieser Seife."

Sie ging an einen Schrank und holte eine schwarze Seife heraus; und ich war sauer, aber so richtig. Allerdings nicht, weil ich mir Filzläuse eingefangen hatte oder so, sondern weil ich mir jetzt alle Schamhaare abrasieren musste. Ich hatte sie noch nicht lange und war mächtig stolz darauf, jetzt sollte ich sie auf einmal alle weg machen. Ich hatte sechzehn Jahre gebraucht bis sie mir wuchsen und der Gedanke, sie wieder zu entfernen, gefiel mir gar nicht. Ich tat aber trotzdem, was Oma mir gesagt hatte und die Filzläuse verschwanden wieder. Außerdem hatte ich auch weiterhin Sex mit dem Mädchen, doch mittlerweile musste sie auch selbst von ihren Filzläusen erfahren und sich gewaschen haben, denn ich steckte mich nie wieder bei ihr an.

KAPITEL 5

Das Leben bei meiner Großmutter war schwierig. Nicht etwa, weil sie mich nicht geliebt hätte, sondern weil sie es viel zu sehr tat. Sie ließ mir zu viele Freiheiten, um all die Dinge zu tun, auf die ich Lust hatte. Gemeinsam mit der Gang konnte ich alles unternehmen, was ich wollte, und bereits mit 14 Jahren begann ich Crack zu verkaufen. Ich tat es nicht, weil ich unbedingt das Geld haben wollte, sondern einfach weil es unglaublich leicht war. Das Geld kam schnell herein und mit 15 kaufte ich mein erstes Auto.

Es war ein *1979er Cutless Supreme*, damals hatten noch nicht viele 15-jährige ein eigenes Auto. Ein paar Monate später kaufte ich dann ein weiteres Auto, einen *1983er Fleetwood Cadillac*. Ich hatte plötzlich zwei Autos und mehr Geld, als ein 15-jähriger Junge hätte haben dürfen. Meine Großmutter merkte natürlich schnell, womit ich mein Geld verdiente, sagte mir aber nur, ich solle kein Crack in ihrem Haus verkaufen und mich dort auch nicht mit meiner Gang treffen. Ich hielt mich an beide Regeln und es gab nie Streit in ihrem Haus, allerdings muss ich zugeben, dass ich meine Drogen trotzdem bei ihr zu Hause versteckte.

Im Jahr 2004, ich war 20 Jahre alt, spürte ich dann immer mehr, wie es mit meinem Leben bergab ging. Ich lebte zu dieser Zeit mit der Mutter meines zweiten Kindes zusammen, aber wir kamen einfach nicht gut miteinander aus. Wir gaben uns wirklich Mühe, aber das Einzige, was wir beide gemeinsam hatten, war das Talent zum Drogenhandel. Doch das erste Mal, dass ich meinen Absturz wirklich nicht mehr länger ignorieren konnte, war nach einer Schießerei.

Ich war schon öfter in Schießereien verwickelt gewesen und in meinem Viertel war ich schon lange dafür bekannt, dass ich erst schoss und dann die Fragen stellte. Ich lebte eben noch immer als Teil der Straße und hatte einfach nichts aus meinem Leben gemacht.

Ich weiß nicht einmal mehr genau, was der Auslöser war, aber es ging wohl um $ 5. Mein Bruder Donta hatte sich deswegen mit jemandem gestritten und der Typ hatte damit gedroht, Donta beim nächsten Aufeinandertreffen zu erschießen. Mein Bruder kannte den Mann gut und wusste deshalb, dass er es verdammt ernst meinte; also warnte er mich und befahl mir, gut auf mich und meine Freunde aufzupassen. Auch ich kannte die Gesetze der Straße und wusste, dass mit so einer Drohung nicht zu spaßen war; deswegen glaubte ich auch, es wäre besser, den Typen zu suchen und zuerst zuzuschlagen, doch mein Bruder Donta hielt mich zurück.

Einige Tage nach der Warnung machte ich Chala, der Mutter meines Kindes, und meinem Bruder Tyrone gerade Frühstück, als ich aus einem der Fenster sah und den Typen, der meinen Bruder bedroht hatte, am Haus vorbeifahren sah. Donta wohnte in direkter Nachbarschaft und so wusste ich, dass das kein Zufall sein konnte, ich wusste, dass sie nach meinem Bruder suchten. Schnell rannte ich zu seiner Wohnung und klopfte an die Tür. Mein Bruder öffnete, sah die Panik in meinem Gesicht und fragte, was los sei.

„Diese Gangster sind auf der Suche nach dir", antwortete ich, „sie sind gerade an meinem Haus vorbeigefahren!"

Donta schnappte sich seine Waffe, lief an mir vorbei aus dem Haus, sprang ins Auto und wir fuhren schnell wieder zu mir rüber. Während der kurzen Fahrt kamen uns die Gangster in ihrem Auto bereits auffällig langsam entgegen, bevor der Fahrer des Wagens plötzlich eine Pistole aus dem Fenster hielt und auf meinen

Bruder richtete. Ich sah, wie er versuchte, den Abzug zu drücken, doch die Pistole ging nicht los. Ich lehnte mich also aus meinem Fenster und leerte das gesamte Magazin der .45er Automatik, die ich bei mir trug. Mein Bruder stand noch unter Schock, denn fast hätte man ihm ins Gesicht geschossen, doch dann begann auch er mit seinem .357er Revolver zu schießen.

Erst als unsere Magazine leer waren, gab er Gas und jagte davon, um zu entkommen. Ich schaute zurück und sah, wie der Fahrer aus dem Auto sprang und mit seiner Pistole hinter uns her schoss. Ich weiß nicht, auf wen von uns beiden er schoss, doch er schien einfach nicht aufzuhören. Ich sagte meinem Bruder, er solle sich ducken, packte ihn im Genick und zog ihn nach unten zwischen die Sitze, damit wir nicht getroffen werden würden. Ich hörte nicht, wie der Typ hinter uns seine Waffe abfeuerte, ich hörte nur wie die Kugeln an uns vorbei flogen. So ist das bei einer Schießerei; es ist nicht wie im Film, wo man die ganze Zeit über die Pistolen krachen hört, dieses ständige Bum-bum-bum. Nein, alles, was man hört, ist, wie die Kugeln an einem vorbeisausen und wie sie irgendwo einschlagen. Die Angst, während auf einen geschossen wird, scheint den Lärm des Schusses selbst zu überdecken.

Wir kamen an meinem Haus an und Donta setzte mich ab, ich rannte hinein und lud meine Waffe nach, dann rannte ich zurück in den Vorgarten, um sicherzustellen, dass die Typen nicht einfach wieder die Straße entlangfahren und auf mein Haus schießen würden; doch statt den Mitgliedern der anderen Gang fuhr ein Polizeiauto an mir vorbei. Mit meinen roten Hosen und meinem roten Halstuch war ich natürlich sofort als Bandenmitglied zu erkennen, außerdem muss ich, völlig außer Atem, schuldig wie die Sünde selbst ausgesehen haben. Ich warf meine Waffe in ein Gebüsch vor dem

Haus und versuchte noch, möglichst unschuldig auszusehen, doch der Polizist stieg aus dem Auto aus, legte mir sofort Handschellen an und verhaftete mich damit auf der Stelle. Er setzte mich hinten ins Auto, dann ging er zum Gebüsch, hob meine Waffe auf und roch daran, um zu sehen, ob sie kürzlich abgefeuert worden war. Mein Bruder, der das Ganze beobachtet haben musste, kam angefahren und der Polizist verhaftete ihn gleich mit.

Man brachte uns beide zum Revier und der Polizist erklärte uns, dass einer von uns für sehr lange Zeit ins Gefängnis gehen würde, denn der Beifahrer des Wagens sei mit einem Bauchschuss ins Krankenhaus gekommen. Ich erklärte dem Beamten sofort, dass ich auf den Beifahrer geschossen hatte, denn ich wollte nicht, dass Donta in Schwierigkeiten geraten würde. Ich war schon sehr oft verhaftet worden und hatte meine Strafen abgesessen, doch Donta war noch nie aufgefallen und ich wollte nicht, dass er sich seine Zukunft genauso verbauen würde wie ich mir meine.

Sie brachten uns zwar beide wegen Waffenbesitzes ins Gefängnis, doch keiner von uns wurde wegen versuchten Mordes angeklagt, wie der Beamte es uns angedroht hatte. Der Staatsanwalt hatte es zum Glück als Selbstverteidigung eingestuft und damit war es kein Verbrechen mehr.

Wie gesagt, ich war 20 Jahre alt und hatte es einfach satt, ständig über die Schulter blicken zu müssen, wenn ich auf die Straße ging. Ich hatte zwei Kinder und musste endlich mein Leben in den Griff bekommen, das wusste ich.

Im November 2004 war ich dann endgültig am Tiefpunkt angelangt. Chala und ich stritten uns mal wieder heftig um das Sorgerecht für meine jüngste Tochter, die mir der Staat mittlerweile weggenommen hatte, weil Chala schon wegen ihrer eigenen Kinder auffällig geworden war. Ihre vier Kinder waren bereits in verschiedenen Einrichtungen untergebracht worden, weswegen man jetzt auch mein Kind als gefährdet ansah und unterbringen wollte. Ich war es einfach leid, mich mit Chala herumzuärgern; erst eine Woche zuvor hatte sie mir knapp $ 400 und etwas Crack gestohlen, danach war sie mir nur noch ausgewichen und hatte sich versteckt.

Irgendwann rief sie mich dann wieder an und wollte reden. Ich sagte ihr, dass ich damit einverstanden sei und wartete den ganzen Tag darauf, dass sie mich für das Gespräch abholen würde, doch sie tauchte einfach nicht auf.

Am nächsten Tag ging ich also wieder wie üblich zur Arbeit, um dort auf sie zu warten. Dort holte sie mich dann auch irgendwann ab und wir fuhren einfach drauflos. Ich saß am Steuer und sie fing an, sich über meine Fahrweise zu beschweren. Es eskalierte schließlich so sehr, dass ich rechts ranfuhr und ihr sagte, dann könne sie selbst fahren.

Ich stieg aus dem Auto aus, ließ die Fahrertür offen und ging vor dem Auto auf die Beifahrerseite, um mit ihr die Plätze zu tauschen. Ich glaubte, sie würde ebenfalls um den Wagen herumgehen, doch sie war einfach über die Sitze gerutscht, legte den Gang wieder ein und fuhr los. Ich wurde auf die Motorhaube des Wagens geschleudert, rutschte an der Seite herunter, rannte neben dem Auto her, riss die Beifahrertür auf und nahm den Gang heraus. Wir begannen, uns heftig zu streiten, bis ich irgendwann wieder auf dem Fahrersitz saß und losfuhr, während Chala auf dem Parkplatz zurückblieb.

Ich fluchte und dachte, wenn Chala mich nicht angerufen hätte, oder niemals Teil meines Lebens geworden wäre, wäre ich jetzt auch nicht in dieser Situation. Ich wusste, dass ich wieder runterkommen musste und ging dafür in einen Club. Ich blieb die ganze Nacht dort und trank zwei Flaschen *Tequila 1800* und zwei Flaschen *40 oz. Malt Liquor*.

Am nächsten Morgen war ich dann stockbesoffen und hatte die ganze Nacht durchgemacht. Ich war immer noch wütend, doch jetzt war es, weil ich über die Stränge geschlagen und zu viel Geld im Club ausgegeben hatte. Ich besaß jetzt nur noch ein kleines bisschen Crack und kaum noch Geld. Ich wartete also darauf, dass die Sonne aufging, damit ich mit dem Bus in die Stadt fahren und dort die Drogen verkaufen konnte, um wieder zu Geld zu kommen.

Ich verließ frühmorgens die Wohnung und trank immer noch aus einer Schnapsflasche, die ich in meiner Wohnung gefunden hatte, als eine Frau auf dem Parkplatz vor dem Wohnkomplex anhielt. Ich war total betrunken und hatte absolut keine Lust, den Bus zu nehmen, also hielt ich es für eine gute Idee, ihr das Auto zu klauen. Ich zog meine verchromte .357er aus der Tasche und hielt sie ihr ins Gesicht. Ich sagte ihr, sie solle sofort aus dem Wagen aussteigen und warf mich dann auf den Fahrersitz, während sie noch verwirrt und voller Angst daneben stand. Ich gab Gas und fuhr los, dann sah ich den Lebensmittelladen.

Chala hatte mir erst kurz zuvor erzählt, dass sie mit dem Besitzer des Ladens wegen ein paar Kleidungsstücken aneinander geraten war, als sie diese zum Waschen im hinteren Teil des Ladens vorbeigebracht hatte, der als Waschsalon fungierte. Der Vorfall an sich lag zwar schon eine Weile zurück, spukte aber immer noch in meinem Kopf herum und so kam ich auf die extrem dumme Idee, in den Laden zu gehen und mit dem Besitzer über diesen Streit zu sprechen.

Ich betrat den Laden und zog meine Pistole, sofort ging alles drunter und drüber. Der Besitzer sah, dass ich bewaffnet war, griff unter den Tisch und drückte den Knopf für die Alarmanlage, die sofort laut aufheulte. Ich hatte seine Bewegung falsch verstanden und geglaubt, er wolle nach einer versteckten Waffe greifen.

Ich schoss in die Wand neben ihm, weil ich glaubte, das würde ihn davon abhalten, nach der Waffe zu greifen. Der Ladenbesitzer sah, dass ich nicht auf ihn, sondern nur auf die Wand hinter ihm geschossen hatte und griff deshalb noch einmal unter den Tisch; daraufhin schoss ich ihm voller Panik in die Hand. Seine Hand flatterte kurz, dann griff er sich an die Brust und fiel auf den Boden. Ich drehte mich wieder um, rannte aus dem Laden, sprang in das Auto und fuhr weg, das alles geschah in nur wenigen Sekunden.

Trotz all der Dinge, die ich in der Vergangenheit verbrochen hatte, war mir so etwas Extremes noch nie passiert. Ich hatte noch nie einen Menschen umgebracht, ich war doch kein Mörder. Ich hatte schreckliche Angst und wusste nicht, ob der Ladenbesitzer tot oder lebendig war, beides war möglich. Ich konnte in diesem Augenblick nur noch daran denken, aus dem Laden zu fliehen, ohne selbst erschossen zu werden; und bis zum heutigen Tag denke ich über die Dummheit dieser Entscheidung nach; vielleicht hätte ich noch etwas tun können..

Diese ganze Situation war nur entstanden, weil er einen Streit mit Chala gehabt hatte, wegen meines eigenen Egos und wegen der Tatsache, dass ich meiner Frau das Gefühl geben wollte, ich stünde hinter ihr und könnte sie beschützen. Das alles geschah wegen der Frau, die mich erst eine Woche zuvor bestohlen hatte, wegen der Frau, die versucht hatte, mich mit dem Auto zu überfahren. Ich hatte nie die Absicht gehabt, auf diesen Mann zu schießen, geschweige denn, ihn zu töten.

Doch bereits eine Stunde später wurde ich verhaftet und erfuhr während des Verhörs, dass der Ladenbesitzer gestorben war. Ich stand völlig unter Schock. Ich hatte wie gesagt noch nie zuvor einen Menschen getötet. Ich weiß nicht mehr, wie ich mich in diesem Augenblick gefühlt habe, denn mein Körper war noch immer betäubt von der Nachricht selbst und von all dem Alkohol, den ich getrunken hatte. Die Erkenntnis hatte einfach noch keine Chance, zu mir durchzudringen.

KAPITEL 6

Vierzehn lange Monate saß ich im Bezirksgefängnis und wartete auf meinen Prozess. Ich wusste sofort, dass ich eine lange Zeit ins Gefängnis gehen würde, denn der Pflichtverteidiger, den man mir zugeteilt hatte, wollte nicht einmal mit mir über den Fall sprechen. Er besuchte mich nur ein einziges Mal und sprach dabei nicht über seine Strategie oder irgendwelche Untersuchungen, die er durchführen könnte; er bewies mir nur, dass ich keine vernünftige Verteidigung zu erwarten hatte.

Bei diesem einen Besuch überbrachte er mir eine Nachricht des Staatsanwalts, in der dieser mir zwei lebenslange Haftstrafen anbot, wenn ich einfach gestehen und auf einen Prozess verzichten würde. Und mein Anwalt tat sein Bestes, um mich davon zu überzeugen, dieses Angebot anzunehmen. Er erklärte mir, dass er keine Möglichkeit sehe, ein Todesurteil zu vermeiden und dass dies der einzige Weg sei, mein Leben zu retten.

Man bot mir also zweimal lebenslänglich an, einmal für den Überfall auf den Ladenbesitzer und einmal für den Raubüberfall auf die Frau mit dem Auto. Diese Urteile würden hintereinander vollstreckt werden, so dass ich erst vierzig Jahre wegen des Mordes absitzen müsste, bevor ich überhaupt für eine Bewährung infrage käme, und dann noch einmal fast genau so lange für den Raubüberfall. Das bedeutete ein Minimum von mindestens 75 Jahren, das war also der Rest meines Lebens.

Mit diesen beiden Urteilen wäre ich frühestens mit 97 Jahren wieder aus dem Gefängnis gekommen, deswegen sagte ich zu ihm: „Für mich klingt das nicht nach einem guten Deal, sondern nur nach einem sehr langsamen Todesurteil, also das bekomme ich ja so oder so".

Ich wollte nicht den Rest eines vielleicht langen Lebens dem Staat gehören, also sagte ich ihnen, dass sie sich mein Leben schon selbst nehmen müssten, wenn sie es denn haben wollten.

Am 22. Januar 2006 wurden die Geschworenen in meinem Fall ausgewählt, das Verfahren war lang und anstrengend, doch ich lernte dabei auch sehr viel. Mir wurde zum Beispiel schnell klar, dass ich in meinem eigenen Prozess kein Mitspracherecht haben würde. Das Letzte, was ich in meinem Leben selbst bestimmen durfte, war also, ob ich zwei lebenslange Haftstrafen annehmen würde, oder die Todesstrafe riskieren würde.

Während die Jury ausgewählt wurde, zeigten die beiden Staatsanwälte, beide weiß, sehr deutlich, wie ihre Strategie aussah. Sie wollten alle afroamerikanischen Geschworenen aus der Eastside von San Antonio aus der Jury fernhalten, auch wenn das bedeutete, gegen das Gesetz zu verstoßen; denn der Oberste Gerichtshof der USA hatte 1986 in der Rechtssache *Baton gegen Kentucky* entschieden, dass Geschworene nicht aufgrund ihrer Rasse ausgeschlossen werden dürften. Richter Antonin Scalia hatte dem auch noch hinzugefügt, dass dies auch für jegliche religiöse Zugehörigkeit gelte.

Die Staatsanwaltschaft schloss trotzdem vier schwarze Geschworene aus und erklärte bei einer von ihnen sogar ganz unverhohlen, dass sie ausgeschlossen wurde, weil sie schwarz war. Das war natürlich illegal, doch sie hatten noch drei weitere Gründe, die vom Richter als „rassenneutral" eingestuft wurden und so kamen sie damit durch.

Eine andere Geschworene wurde wegen der Kirche, die sie besuchte, ausgeschlossen. Man hatte sie über ihre religiösen Ansichten befragt und sie hatte dem

Staatsanwalt erklärt, dass sie zu einer Kirche namens *Victory Outreach* gehöre. Diese Kirche war dafür bekannt, dass sie viel Nachbarschaftsarbeit leistete, einige der Kirchgänger hatten es sich zur Aufgabe gemacht, als Missionare von Tür zu Tür zu gehen, in Obdachlosenunterkünfte oder ins Gefängnis, um dort Häftlinge zu betreuen. Man fragte die Dame, ob sie jemals im Gefängnis gewesen sei, um dort zu arbeiten, und sie verneinte, sie habe mit diesem Teil der Kirche nichts zu tun, sie sei nur eine der Missionare, die von Tür zu Tür gehen. Der Staatsanwalt schloss sie trotzdem von der Jury aus, da sie für die *Victory Outreach Church Of Christ* tätig war. Wir fochten diese Entscheidung an und argumentierten, dass diese Frau noch nie im Gefängnis tätig und deswegen laut Gesetz als Geschworene voll tauglich war. Das einzige andere „Problem" war, dass sie schwarz war.

Die dritte schwarze Frau wurde ausgeschlossen, weil ihre Tochter in einem anderen Bundesstaat wegen schweren Diebstahls angeklagt worden war. Diese Frau erklärte, sie habe nichts von der Anklage gegen ihre Tochter gewusst und somit auch nichts damit zu tun, doch sie wurde trotzdem aussortiert. Man unterstellte ihr zu lügen, sie habe sehr wohl von der Anklage gegen ihre Tochter gewusst und es einfach verheimlichen wollen.

All diese Frauen hatten nur eines gemeinsam, sie waren schwarz und aus der Eastside von San Antonio. Sie wären wohl die Geschworenen gewesen, die mich am ehesten verstanden hätten.

Auf der anderen Seite gab es aber auch einen Geschworenen, der später sogar als Vorsitzender der Jury fungieren würde und der einen Bruder hatte, der wegen Vergewaltigung und Mord in einem texanischen Gefängnis einsaß. Die Staatsanwälte nahmen ihn trotzdem problemlos in die Jury auf; er war nicht schwarz, sondern Hispanoamerikaner.

Als wir mit der Auswahl der Geschworenen fertig waren, saß also nur eine einzige schwarze Frau auf der Geschworenenbank, doch sie stammte aus der Northside von San Antonio, dem Viertel, in dem die Oberschicht lebte. Der Rest der Jury bestand aus Weißen und Hispanoamerikanern, alle aus der Oberschicht der Stadt.

Dem Gesetz nach muss ein Angeklagter zwar durch eine Jury von seinesgleichen verurteilt werden, doch keiner dieser Geschworenen gehörte auch nur ansatzweise zur selben sozialen Gruppe wie ich. Keiner von diesen zwölf Geschworenen konnte auch nur im Ansatz wissen, wie das Leben in der Eastside war. Das Einzige, was diese Menschen über die jungen Schwarzen aus der Eastside wussten, war, dass es Schläger und Bandenmitglieder waren. Sie wussten nicht, wie schwer es war dort zu überleben, wie es sich anfühlte, wenn man der eigenen Mutter ständig beim Crack rauchen zusehen musste, wie es war, wenn der Vater permanent die Mutter verprügelte, oder was wir sonst noch so alles durchmachen mussten, in einem ständigen Klima der Angst und Einsamkeit. Sie hatten keine Ahnung davon, wie diese Erfahrungen ein Kind, einen Teenager und später einen jungen Mann prägen würden; wie sollten sie das auch verstehen? In der Jury gab es nicht einmal Menschen meines Alters, selbst die waren ausgeschlossen worden. Ich war völlig allein.

Der eigentliche Prozess begann am 1. Februar 2006 und der Staatsanwalt eröffnete mit einer dramatischen Erklärung, wie ich mein Opfer gejagt und kaltblütig getötet hätte. Meine Anwälte hielten dagegen und erklärten, dass es kein Fall von Mord sein konnte, da es keine Planung, kein Motiv und keinen Raub gegeben hatte.

Der Staat rief eine Menge Zeugen auf, vor allem Gerichtsmediziner, die das Einschussloch in der Wand, die Eintrittswunden in den Körper und Ähnliches erklären sollten.

Der Hauptzeuge war aber der Kriminalbeamte, der in dem Fall ermittelt hatte. Man rief ihn auf, damit er das Hauptbeweisstück, ein Überwachungsvideo aus dem Laden, für die Jury erklären konnte. Da auf dem Video klar zu sehen war, dass ich keine Waren und auch kein Geld aus dem Laden mitgenommen hatte, ich also nichts gestohlen hatte, musste der Staatsanwalt beweisen, dass ich es zumindest gefordert hatte, sonst wäre es kein Mord gewesen. Das Video hatte sogar Ton, so dass es eigentlich leicht hätte sein können, eine Forderung nach Geld zu hören, wenn ich denn eine gestellt hätte; doch da sofort die Alarmanlage ausgelöst worden war, konnte man kein Wort mehr verstehen.

Der Beamte wurde gefragt, ob er mit dem Video vertraut sei und erklärte, er habe sich das Video direkt nach dem Vorfall und auch noch mal vor der Verhandlung mehrere Male angesehen. Er wurde gefragt, ob er beschreiben könne, was er auf dem Band gehört habe, daraufhin erwiderte er, dass er nur das Heulen des Alarms im Hintergrund hören könne und meine Worte nicht zu verstehen seien.

Das war ein schwerer Schlag für den Staatsanwalt, denn es handelte sich hierbei um den Hauptermittler und das wichtigste Beweisstück, doch selbst der zuständige Ermittler konnte nicht verstehen, was auf dem Band gesprochen wurde. Trotzdem sagte er aus, er könne auf dem Videoband einen eindeutigen Mord sehen.

Die Staatsanwaltschaft verbrachte insgesamt eineinhalb Tage damit, den Geschworenen ihren Fall zu präsentieren und nachdem der Staat fertig war, war mein Anwalt an der Reihe. Er hätte mich an dieser Stelle verteidigen müssen und der Richter fragte ihn auch tatsächlich, wie viel Vorbereitungszeit er noch brauche, doch mein Anwalt sagte, er bräuchte gar keine Zeit, denn er würde keine Verteidigung vorbringen. Damit war der Fall für ihn erledigt.

Ich war völlig geschockt, denn ich glaubte wirklich, er wäre hier, um mir zu helfen. Meiner Meinung nach wäre es sehr leicht gewesen, denn der Staatsanwalt hatte nicht nur unfair bei der Auswahl der Geschworenen agiert, sondern auch bei der Verhandlung selbst alle möglichen Beweise verdreht oder erfunden. Doch mein Anwalt wollte das Ganze nicht einmal pro forma anfechten und ich durfte laut Prozessordnung auch nicht für mich selbst sprechen. Ich frage mich noch heute, ob mein Anwalt überhaupt eine Strategie parat gehabt hätte, wenn er meinen Fall denn wirklich hätte anfechten wollen. Ich glaube es nicht, er wollte mich einfach nur schnell wieder loswerden.

Bevor die Geschworenen sich zurückzogen, wurden ihnen noch einmal alle Regeln erklärt und die Anklagepunkte verlesen, aufgrund derer sie mich verurteilen sollten, zu einem der beiden möglichen Urteile: „Mord oder Freispruch“.

Mein Anwalt argumentierte, dass die Staatsanwaltschaft nicht bewiesen hätte, dass ich das Opfer ausgeraubt oder auch nur versucht hätte es auszurauben, und da sie weder Vorsatz noch einen versuchten Raub hätte nachweisen können, sollte der Anklagepunkt wenigstens auf Totschlag geändert werden, damit mir statt der Todesstrafe nur eine lebenslange Haftstrafe drohte.

Doch der Richter wies diesen Antrag zurück und blieb dabei, für ihn ging es um „Mord oder Freispruch“. Ich machte mir nichts vor, ich hatte das Videoband gesehen und wusste deshalb, dass ich zumindest für eine sehr, sehr lange Zeit ins Gefängnis gehen würde, es sah einfach zu schlimm aus.

Nach etwa anderthalb Stunden Beratung kamen die Geschworenen mit einem Schuldspruch wegen Mordes zurück, deshalb wurde es jetzt Zeit für den zweiten Teil des Prozesses, die Strafphase; die Phase, die über Leben oder Tod entscheiden würde. Diese Phase unterschied sich nicht wirklich von den ersten beiden, mein Leben wurde an diesem Tag vor Gericht ausgebreitet, ohne dass ich selbst oder die Jurymitglieder verstanden oder auch nur gewusst hätten, warum ich die Dinge getan hatte, die mich in diesen Gerichtssaal gebracht hatten. Man sprach über den Angriff auf meine Mutter, den Einbruch und auch einen Vorfall, bei dem ich beschuldigt wurde, einen Polizeibeamten in San Antonio verprügelt zu haben.

Ich fuhr an jenem Tag ein Auto, mit dem ein Freund mich besucht hatte. Er hatte ihn von einem Crack-Konsumenten gemietet und als ich ihn fragte, ob er die Miete dafür auch wirklich bezahlt hatte, nickte er nur. Ich wollte einfach sichergehen, denn ich wollte auf keinen Fall in einem Auto erwischt werden, das irgendjemand als gestohlen gemeldet hatte. Mein Freund sagte mir, wir hätten den Wagen den ganzen Tag über, also fuhren wir ein bisschen herum, rauchten Gras und hatten Spaß.

Der Polizist, der später behaupten würde, ich hätte ihn verprügelt, versuchte uns anzuhalten und ich geriet in Panik. Wir hatten nicht nur das Gras dabei, das wir selbst rauchen, ich hatte auch noch Drogen in der Tasche und gab jetzt Gas, um die Drogen irgendwo unauffällig aus dem Fenster werfen zu können. Ich fand eine geeignete Stelle, sprang aus dem Wagen und rannte unter eine Brücke. Dort wollte ich mich vor dem Hubschrauber verstecken, den der Polizist zur Unterstützung angefordert hatte. Der Polizist folgte mir, überwältigte mich, hielt mir seine Waffe an den Kopf und forderte mich dazu auf, mich auf den Boden zu legen.

Als ich auf dem Boden war, legte er mir Handschellen an und begann dann damit, mich zu verprügeln. Er schlug mir mehrmals ins Gesicht, trat mir immer wieder in die Rippen und zog mich schließlich unter der Brücke hervor in Richtung seines Autos. Ich war völlig fertig, meine Augen waren geschwollen, mein ganzer Körper tat weh und mein Gesicht war blutverschmiert.

Dieser Polizist sagte nun also in meinem Mordprozess gegen mich aus und erklärte, ich hätte ihn damals unter der Brücke angegriffen und verprügelt. Ich kannte die Wahrheit und bat meinen Anwalt darum, das Verhaftungsfoto von diesem Tag zu besorgen, denn ich wusste ja, wer wen verprügelt hatte und wie ich auf dem Foto aussah; ich wusste, dass man dort die Wunden und mein geschwollenes Gesicht sehen würde. Mein Anwalt ignorierte mich, so wie er es immer tat.

Der Staatsanwalt erzählte den Geschworenen auch noch von der Schießerei, die es wegen der $ 5 und meinem Bruder Donta gegeben hatte. Der Richter hatte vorher klargemacht, dass ich wegen dieses Vorfalls niemals angeklagt worden war und man es deshalb auch nicht im aktuellen Verfahren erwähnen dürfe, doch der Staatsanwalt umging diese Order einfach, indem er erklärte, dass ich die damals benutzte .45er auch an dem Tag dabei gehabt hätte, als ich den Ladenbesitzer erschoss. Um also die Relevanz dieser Waffe beweisen zu können, müssten sie auch die Schießerei anführen, für die ich nicht einmal angeklagt worden war. Dabei ließen sie natürlich aus, dass es als Selbstverteidigung eingestuft worden war, so klang es einfach viel dramatischer. Ich bat meinen Anwalt darum, das Opfer von damals in den Zeugenstand zu rufen, denn ich wusste, dass selbst er bestätigen würde, dass nicht ich die Schießerei begonnen hatte. Mein Anwalt ignorierte auch diese Bitte.

Stattdessen erklärte er der Jury, was er für mildernde Umstände hielt: Die Vergewaltigung meiner Schwester, den Mord an meinem Vater, die ständigen Umzüge und die fehlende Erziehung, die ich genossen hatte. Er sprach all diese Punkte in einer sehr trockenen und distanzierten Weise an, denn eigentlich war ihm das alles scheißegal! Nach dieser „Verteidigungsrede" wurden die Geschworenen dann noch einmal belehrt und zur Beratung über mein Schicksal entlassen. Es gab keine Diskussionen mehr, was die Anklagepunkte oder die Definitionen des Gesetzes betraf, es gab nur noch eine einzige Entscheidung, die die Geschworenen treffen mussten: LEBEN oder TOD!

Dieses Mal brauchten die Geschworenen ein wenig länger. Ich weiß nicht, worüber sie so lange sprachen, aber es dauerte fast fünf Stunden, bevor sie mit ihrer Entscheidung zurückkamen: TOD! Ich wurde von ihnen am 7. Februar 2006 zum Tode verurteilt. Mein ganzer Körper wurde taub, mein Verstand leerte sich, und obwohl ich immer gewusst hatte, dass der Tod ein mögliches Urteil sein könnte, hatte ich nie versucht, mich auf diesen Ausgang vorzubereiten. Wie könnte man sich auch auf die Nachricht vorbereiten, dass man bald sterben wird? Was hätte ich in diesem Moment denn auch tun können? Ich hörte nicht einmal, wie meine Mutter im Gerichtssaal in Ohnmacht fiel, als der Richter die Worte sagte, die ich nie vergessen werde: „Möge Gott Ihrer Seele gnädig sein!"

Ich war erst 22 Jahre alt.

KAPITEL 7

Eines Nachts, während ich auf meiner Pritsche im Bezirksgefängnis lag, ertönte eine Stimme über die Gegensprechanlage: „Young, du bist dran, pack deinen Kram zusammen, du kommst in den Todestrakt!"

Diese Aufforderung war keine wirkliche Überraschung und ich war schon lange bereit zu gehen. Es war der 31. März 2006 und ich saß bereits seit sechzehn Monaten in dieser Zelle. Ich hatte mein Todesurteil bekommen und war es leid im Bezirksgefängnis zu sitzen. Ich packte also so schnell wie möglich alles zusammen und bereitete mich auf den Transport vor. Man fesselte mich an Händen und Füßen, setzte mich in einen Streifenwagen und fuhr mich dann über den Highway nach Huntsville (TX).

Die Todeskandidaten sind in der *Polunsky Unit* nahe Livingston (TX) untergebracht. Doch die Hinrichtungskammer befindet sich in der berühmten *Walls Unit* in Huntsville. Die *Walls Unit* ist das älteste Staatsgefängnis des Staates und befindet sich mitten in der Innenstadt. Die Fahrt dorthin war lang, aber schön, denn ich genoss es, die Umgebung an mir vorbeiziehen zu sehen. Ich war noch nie zuvor so weit draußen auf dem Land gewesen, ich hatte mein ganzes bisheriges Leben in der Stadt verbracht. Und ich wusste, dass dies vermutlich meine erste und letzte Gelegenheit sein würde, so etwas zu sehen. Ich versuchte deshalb, so viel wie möglich aufzunehmen und mir alles zu merken, damit ich später daran würde denken können.

Vier Stunden nachdem wir San Antonio verlassen hatten, erreichten wir endlich die *Bird Unit*, eine Aufnahmestation. Bei meiner Einlieferung sah ich Männer in weißer Sträflingskleidung, die sich frei bewegten, Busse und Autos wuschen oder anderen Tätigkeiten nachgingen. Ich hatte noch nie Häftlinge mit so viel Freiheit gesehen und dachte mir, dass ich meine Zeit auch gut auf diese Art absitzen könnte. Es war doch nur Zeit und seit ich elf Jahre alt war, saß ich doch sowieso immer wieder im Gefängnis.

Man brachte mich in ein Gebäude und steckte mich in einen großen Käfig, dann nahm man mir die Handschellen ab und ein Vollzugsbeamter (CO) bellte Befehle in meine Richtung. Ich stand nur da und starrte ihn an, nicht etwa weil ich nicht hätte zuhören wollen, sondern weil ich kein einziges Wort von dem verstand, was er mir sagte. Er hatte einen so breiten ländlichen Akzent, dass sich seine Worte extrem in die Länge zogen, außerdem hatte er ein großes Stück Kautabak im Mund und sprach in einem Gefängnisjargon, den ich noch nicht kannte. Ich hatte also keine Chance, ihn zu verstehen.

Das muss auch ihm irgendwann aufgefallen sein, denn er trat dicht an den Käfig heran und fragte: „Junge, hast du auch nur ein einziges Wort von dem verstanden, was ich gerade gesagt habe?“

Ich antwortete „Nein“ und schüttelte dabei den Kopf.

Er erklärte: „Du sollst da raus kommen, dich ausziehen und für mich tanzen. Daaas is’ doch nich’ dein erstes Rodeo, odaaa?“

Ich zog mich also aus und machte dann eine schnelle Drehung. Ich bin kein großer Fan davon, für jemanden zu tanzen, aber ich wusste genau, was er von mir wollte.

„Was zum Teufel war das denn, mein Junge? Jetzt tu genau, was ich dir sage, dann können wir den Scheiß hier schnell hinter uns bringen. Einmal mit den Fingern durch die Haare. Jetzt heb die Arme hoch. Das ist gut, mein Junge, das machst du sehr gut. Jetzt mach den Mund auf und zieh mit den Fingern die Backen hoch und runter. Jetzt die Eier, hoch damit. Dreh dich um, beug dich vor und zieh die Arschbacken auseinander. Jetzt heb beide Füße hoch. Guter Junge, siehst du, das war doch gar nicht so schwer, oder?"

Dann warf er mir eine braune Papiertüte und ein paar Boxershorts zu und sagte: „Und jetzt zieh dir was an und iss was, wir werden uns gleich weiter mit dir beschäftigen."

Ich zog die Boxershorts an, öffnete die braune Tüte und sah darin vier Brote, die eine Hälfte mit Salami, die andere mit Käse. Mein Magen begann sofort zu knurren, denn die letzte Mahlzeit war schon viel zu lange her. Trotzdem hatte ich Angst davor zu essen, denn ich wollte meine Umgebung nicht aus den Augen lassen. Ich war das sprichwörtliche Tier im Käfig! Also nahm ich die Tüte, ging zu der Wand im hinteren Teil und stellte mich dort mit dem Rücken an den glatten Beton, damit ich alles im Auge behalten konnte. Dann konnte ich endlich die Sandwiches essen und um ganz ehrlich zu sein, sie waren das Beste, was ich seit sechzehn Monaten gegessen hatte.

Später fesselte man mich wieder, holte mich aus dem Käfig heraus und nahm mich mit, um meine Fingerabdrücke nehmen und ein Foto von mir machen zu können. In diesem Moment verstand ich auch, wieso Gefängnisinsassen auf Karteifotos immer so böse und brutal aussehen. Die Insassen sind einfach völlig übermüdet, wenn das Foto gemacht wird, sie hatten zu wenig Schlaf und sind völlig ausgelaugt.

Nachdem man jetzt also Fotos und Fingerabdrücke von mir hatte, brachte man mich zurück in den Käfig, wo man mir weiße Gefängniskleidung gab, die mir eine Nummer zu groß war. Ich zog mich an und wurde wieder gefesselt, dann brachte man mich zu einem

Transporter, der bereits draußen wartete. Ich fragte die Beamten, wohin wir führen und sie sahen mich an, als hätte ich völlig den Verstand verloren; einer von ihnen sagte nur „Todestrakt". Ich hatte geglaubt, schon dort gewesen zu sein, aber es schien, als würde ich doch noch einmal eine Gelegenheit bekommen, die Landschaft zu genießen.

Die *Polunsky Unit* ist nur etwa eine halbe Stunde von Huntsville entfernt. Als wir auf das Gebäude zufuhren, sah ich die weitläufige Landschaft um das Gebäude herum und den imposanten Elektrozaun an einem der Gebäude.

Dem Wärter fielen meine Blicke auf und er sagte: „Das ist der Todestrakt, genau dahin gehst du."

Er dachte wohl, dass es gut sei, mich noch einmal an diese Tatsache zu erinnern, für den Fall, dass ich es vielleicht vergessen hatte. Wir fuhren zum ersten Wachhäuschen und der Transporter wurde auf Schmuggelware überprüft, die darin hätte versteckt sein können.

Nach der ersten Durchsuchung durften wir bis zum hinteren Tor weiterfahren, dort holte man mich unter lautem Johlen und Rufen der normalen Gefängnisinsassen aus dem Wagen und brachte mich in ein Gebäude. Meine Hände und meine Füße waren so gefesselt, dass ich vornübergebeugt gehen musste und nur kleine Schritte machen konnte.

Als wir das Gebäude betraten, in dem der Todestrakt untergebracht war, führte man mich in einen kleinen Raum, wo das „Empfangskomitee" bereits auf mich wartete. Es handelte sich um etwa zehn Männer in Uniform, die mich wie ein Tier im Zoo betrachteten. Ich hatte keine Ahnung, ob sie wirklich da waren, um bei der Aufnahme zu helfen, oder ob sie nur den Neuankömmling sehen wollten.

Ich fand es ungefähr eine Viertelstunde später heraus, als die Hälfte von ihnen plötzlich verschwand, ohne etwas getan zu haben. Man untersuchte mich noch einmal, als hätte ich die Möglichkeit gehabt, etwas zu verstecken, während ich angekettet in einem Transporter saß. Dann bekam ich ein anderes Paar Boxershorts. Es waren keine gewöhnlichen Boxershorts, denn diese Shorts hatten keinen Gummizug, wie ich ihn kannte. Sie wurden an beiden Seiten von zwei Schnüren zusammengehalten, die man zu einer Schleife binden konnte, und einem kleinen Stück Klettverschluss vorn. Ich konnte sie mir zwar über den Hintern ziehen, wusste aber nicht genau, wie ich alles befestigen sollte, so etwas wie diese Boxershorts hatte ich noch nie gesehen.

Ich fragte also den Beamten, der mir beim Anziehen zusah: „Wie ziehe ich die an?"

„Keine Ahnung, ich muss sie ja nicht tragen", antwortete er.

Ich tat also mein Bestes und hielt den Stoff oben, so dass er beim Laufen nicht herunterfallen konnte. Die Wärter brachten mich zu meiner Zelle, öffneten die Tür und schoben mich hinein.

Wie angewurzelt stand ich da und versuchte, alles in mich aufzunehmen. Es gab ein Metallbett, das an der Rückwand entlang lief und einen Metalltisch, der an die Wand geschraubt war. Außerdem sah ich noch eine Toiletten-Waschbecken-Kombination aus rostfreiem Stahl, die an einer Wand angebracht war, die ebenfalls aus rostfreiem Stahl war. An dieser Wand befanden sich auch eine große Leuchtstoffröhre, eine Steckdose mit zwei Steckern und ein Knopf, mit dem das Licht gesteuert wurde.

Es gibt mehrere Abteilungen, in denen die Todeskandidaten untergebracht sind. Jede Abteilung hat vierzehn Zellen insgesamt, sieben im Erdgeschoss und sieben im ersten Stock, wobei sie alle auf einer Seite liegen und dadurch von der Wache gegenüber gut eingesehen werden können. Am Ende jeder Abteilung befindet sich eine Dusche, außerdem gibt es in jeder Abteilung einen vergitterten Aufenthaltsraum, der mit einer Klimmzugstange, einem Tisch aus rostfreiem Stahl und einer Toiletten-Waschbecken Kombination ausgestattet ist. Zu guter Letzt gibt es noch zwei getrennte Innenhöfe, die von drei Wänden und einem großen Fenster für die Wärter eingerahmt sind. Diese Innenhöfe sind noch einmal durch Gitterstäbe halbiert, so dass zwei kleine nebeneinanderliegende Käfige entstehen, ausgestattet mit einer Klimmzugstange, einer Toilette, einem Waschbecken und einem Basketballkorb. Durch die Gitter kann man dem anderen Insassen die Hand reichen, mehr aber auch nicht, und über all dem gibt es ein vergittertes Loch in der Decke, durch das man den Himmel sehen kann.

Nachdem man mich in meine Zelle gebracht hatte, war ich völlig erschöpft, doch gleichzeitig schoss noch immer das Adrenalin durch meinen Körper. Im Kopf ging ich all die Geschichten durch, die ich von Freunden gehört hatte, die schon im Staatsgefängnis gesessen hatten. Ich versuchte, mich daran zu erinnern, wie ich mich verhalten sollte, wie man bestimmte Gefahren erkennt und wie man anderen Gefangenen gegenüber Respekt zeigt, um selbst Respekt zu bekommen. Respekt zu zeigen und auch zu bekommen ist das Wichtigste, wenn man im Gefängnis überleben will. Plötzlich klopfte es gegen die Wand.

„Ja, was ist?", fragte ich.

„Wie nennt man dich?", antwortete eine Stimme.

„Lunatic!"

Meine Antwort kam schnell und ich nannte den Namen, den man mir im Bezirksgefängnis gegeben hatte, weil ich dort so ein riesiger Schwachkopf und Gauner gewesen war.

„Hey Lunatic, man nennt mich Max.“

„Wie schaltet man das Licht aus, es ist verdammt hell?“, fragte ich Max.

„Da ist ein Knopf an der Wand, den musst du drücken, dann geht es aus.“

Ich drückte den Knopf und das Licht ging sofort aus, danach konnte ich zum ersten Mal die Sonne erkennen, die durch ein kleines Fenster oben in der Zellenwand schien. Das Fenster war knapp unter der Decke angebracht und bestand nur aus einem langen, horizontalen Schlitz, gerade hoch genug, dass man hindurchsehen konnte, wenn man sich reckte und ein wenig am Rahmen hochzog.

„Du wirst deine Zelle erst putzen müssen, ich schicke dir dafür ein paar Reinigungsmittel, ok? Du wirst auch noch Sachen von anderen Insassen bekommen“, erklärte mir Max.

„OK, ich nehme ein paar Putzmittel, aber sonst will ich nichts“, sagte ich.

Eines der ersten Dinge, die man im Gefängnis lernt, ist, dass man nie etwas von Fremden annehmen darf, denn das ist immer mit Bedingungen verbunden. Ich habe einmal gehört, wie ein neuer Insasse, eigentlich noch ein Kind, von einem der anderen Insassen eine Zigarette bekommen hatte.

Er rauchte die Zigarette und nachdem er sie ausgedrückt hatte, sagte der ältere Gefangene: „Ich will meine Zigarette zurück!“

Der Junge wusste noch nichts von diesen Spielchen und erklärte, er würde dem älteren Gefangenen gerne eine Zigarette geben, sobald seine Mutter ihm das erste Geld schicken würde.

Der ältere Häftling erwiderte: „Nein nein, du verstehst nicht, ich will DIESE Zigarette zurückhaben!"

Genau diese Art von Spielchen passieren immer wieder im Gefängnis, wenn man Dinge von anderen annimmt. Ich weigerte mich also schlichtweg, in diese Falle zu tappen, doch Max zeigte Verständnis.

„Jetzt hör zu, Kleiner, du wirst hier in den ersten Monaten gar nichts bekommen. Das Gefängnis lässt sich wirklich viel Zeit und jeder hier weiß das. Es möchte also niemand etwas zurückhaben und niemand wird eines der Spielchen spielen, an die du jetzt vermutlich denkst. Es ist völlig in Ordnung, das Zeug zu nehmen."

Ich wollte ehrlich gesagt nur, dass er aufhört zu reden und sagte deswegen „OK".

Ich sah, wie etwas unter dem Spalt meiner Tür hindurch kam und hörte Max fragen: „Kommst du dran?"

Ich bejahte. Max erklärte mir, ich solle alles davon nutzen, denn der Typ, der vor mir in der Zelle gewesen sei, wäre ein echtes Ekelpaket gewesen, der gerne mit seiner Scheiße gespielt und sie an den Wänden verteilt hätte. Ich sah in das Gefäß und erkannte Seife und Scheuerpulver. Ich fing sofort damit an, die Zelle zu säubern, wischte den Boden, schrubbte die Wände, wusch alle Oberflächen, denn Max hatte recht gehabt, die Zelle war wirklich dreckig und stank.

Während ich noch immer auf Knien durch die Zelle kroch und putzte, hörte ich, wie etwas vor meiner Zellentür auf den Boden fiel. Ich stand auf und ging zur Tür, um nachzusehen, was es gewesen war. Ich sah eine Schnur vom oberen Stockwerk hängen, an der ein kleines Gewicht befestigt war. Max, der in der Zelle neben mir saß, warf ebenfalls eine Schnur aus, an deren Ende eine kleine Stange mit Widerhaken befestigt war. Einer dieser Haken verfing sich in der Schnur, die von oben herabgeworfen worden war, so konnte Max die Schnur samt Gewicht in seine Zelle ziehen. Dann rief er hoch, dass er die Schnur habe. Der Mann von oben antwortete, Max solle weiter an der Schnur ziehen, es sei alles bereit. Ich sah, wie die Schnur in Richtung von Max' Zelle gezogen wurde und plötzlich tauchten am oberen Rand meines Blickfeldes kleine Pakete auf. Päckchen um Päckchen zog Max in seine Zelle, während ich nur dastand und staunen konnte.

Als Max alles in seiner Zelle hatte, rief er dem Mann oben zu, dass alles gut angekommen sei und er seine Schnur zurückziehen solle. Ich sah, wie die Schnur zurückgezogen wurde und das kleine Gewicht wieder nach oben verschwand.

Nachdem nichts weiter passierte, begann ich wieder damit, meine Zelle zu putzen. Doch dann hörte ich wieder ein Scharren an der Tür und sah hinüber.

Max' Leine mit den Widerhaken war unter meiner Tür durchgerutscht und er sagte: „Zieh an der Schnur.“

Ich tat, was er von mir wollte und die Päckchen, die gerade noch von oben nach unten befördert worden waren, tauchten plötzlich in meiner Zelle auf. Es waren insgesamt fünfzehn Pakete, die alles von Hygieneartikeln bis hin zu Lebensmitteln enthielten. Ich nahm alles und stapelte es neben der Tür, denn ich hatte nicht vor, irgendetwas davon zu benutzen. Ich wollte in kein Spielchen hineingezogen werden und deswegen alles parat haben, sobald es zurückgefordert werden würde. Dann beendete ich meine Putzarbeiten und legte mich auf die Pritsche; ich war völlig fertig und schlief fast augenblicklich ein, es war ein langer Tag gewesen.

KAPITEL 8

Ich hatte mir noch nie Gedanken über die Todesstrafe gemacht, bis ich plötzlich selbst im Todestrakt saß. Da wo ich herkam, war der Gang ins Gefängnis einfach so eine Art Ehrenmedaille, man schämte sich nicht dafür. Und ich hatte immer gewusst, dass ich sowieso irgendwann im Gefängnis landen würde, die Gangaktivitäten, in die ich verstrickt war, würden schon dafür sorgen. Aber in jungen Jahren war es mir eigentlich egal gewesen und ein bisschen freute ich mich sogar darauf, denn seit mein Onkel Michael im Gefängnis saß, wusste ich, dass ich einen ähnlichen Status wie er erreichen wollte. Er war so eine Art Legende in unserem Viertel geworden und ich wollte dasselbe für mich, er war mein Vorbild.

In den Geschichten, die man sich auf der Straße über das Gefängnis erzählte, ging es immer nur um Macht, Männlichkeit und Respekt. Dabei war es egal, wie man an diese Dinge kam, im Gefängnis frisst einfach jeder jeden. Es gibt im Gefängnis nichts, was es nicht gibt, denn wirklich jede Art von Mensch ist hier vertreten. Deswegen ist es im Gefängnis auch immens wichtig, immer aufmerksam zu sein, sonst wird man schnell das Opfer eines der regelmäßig stattfindenden Spielchen.

Im Todestrakt ist es allerdings komplett anders. All die Klischees und Vorstellungen, die ich durch meine bisherigen Knasterfahrungen vom Leben dort hatte, erwiesen sich als falsch. Die Care-Pakete, die ich an meinem ersten Tag erhalten hatte, kamen wirklich von Herzen und waren nur ein kleiner Vorgeschmack auf die Art, wie die Insassen miteinander umgehen. Es ist schon seit über zwanzig Jahren eine kleine, aber wertvolle Tradition im Todestrakt der *Polunsky Unit*, Neuankömmlinge mit allem auszustatten, was sie am Anfang brauchen werden. In keinem anderen der Gefängnisse in Texas wird man solch eine Geste finden, und das bei über 125 Gefängnissen in ganz Texas.

Ich war erst seit ein paar Tagen im Todestrakt, als Max eines Tages gegen 11:45 Uhr an die Wand klopfte und mir sagte, ich solle aus dem Fenster schauen. Wenn ich die Matratze zusammenrollte und mich darauf stellte, konnte ich gerade eben noch aus dem Fenster sehen und beobachtete den Eingang, durch den ich selbst erst vor einigen Tagen gekommen war. Ich sah einen kleinen Lieferwagen des *Texas Department Of Corrections* (TDC) vorfahren, während einige Menschen in Zivil vor dem Eingang standen und sich gegenseitig die Hände schüttelten. Sie begrüßten sich, lachten laut und klopften einander kameradschaftlich auf die Schultern. Ich fragte Max, was da draußen los sei und er antwortete mir, ich solle einfach weiter zusehen und abwarten.

Ein paar Minuten später sah ich einen Insassen, der erst aus dem Besuchsraum und dann durch den vergitterten Außengang zurück zum Todestrakt geführt wurde. Anders als sonst wurde er dabei aber von einer großen Menge an Zuschauern begleitet, darunter auch ein sechsköpfiges, voll ausgerüstetes Einsatzteam mit Rollstuhl und Trage (für den Fall, dass der Häftling sich nicht fügen will). Insgesamt waren es wohl 20-30 Beamte, doch ich wusste immer noch nicht, was da los war. Bei der Masse der Beamten vermutete ich einfach, es habe einen Aufstand oder etwas Ähnliches gegeben, doch ich fragte Max nicht noch einmal. Ich tat einfach, was er mir gesagt hatte und beobachtete weiter.

Keine fünf Minuten später wurde der Gefangene wieder herausgebracht und man führte ihn zu dem wartenden Transporter. Man half ihm hinein, kettete ihn an und drei Zivilbeamte sprangen hinterher; dann fuhr der Transporter davon.

Als der Wagen aus meinem Blickfeld verschwunden war, fragte ich Max: „Was zum Teufel war das denn?"

Max antwortete: „Er hat seinen Hinrichtungstermin bekommen, jetzt bringen sie ihn in die *Walls Unit*, dort wird er heute Abend sterben!"

Ich war fassungslos. Ich war erst ein paar Tage im Todestrakt und hatte doch schon gesehen, wie ein Mann zu seiner eigenen Hinrichtung geführt wurde. Ich hatte keine Ahnung, was ich denken oder fühlen sollte. Panisch fragte ich mich, was ich tun könnte. Mein Kopf war voll mit Fragen, doch ich wusste nicht, ob ich die Antworten überhaupt hören wollte. Der Mann, den ich an diesem Tag gesehen hatte, wurde tatsächlich noch am selben Abend hingerichtet und ich begriff, dass der Staat Texas jeden von uns hinrichten würde, egal wie gut oder schlecht wir waren.

Ungefähr zehn Monate später befand ich mich zur Erholung im Außenkäfig, als die Wärter in meine Zelle gingen und sie durchsuchten. Ich hatte gerade erst gelernt, wie man Alkohol selbst macht und hatte davon fünf Flaschen im hinteren Teil meiner Zelle gären lassen. Natürlich fanden die Wärter die Flaschen und brachten sie ihrem Vorgesetzten, denn das Brennen von Alkohol war ein schwerwiegender Disziplinarverstoß. Ich bekam ein Verfahren und wurde auf die „Ebene" gebracht, so nannten wir die *F-Sektion (F-Pod)*.

Am Anfang ihrer Haft werden alle Straftäter als Stufe 1 vermerkt, auf dieser Stufe hat man die meisten „Privilegien". Jedes Mal, wenn es größere Verstöße gegen die Regeln gibt, werden wir je nach Schwere des Vergehens auf Stufe 2 oder Stufe 3 zurückgestuft. Mit beiden Stufen kommt man in die *F-Sektion*. Diese Abteilung ist für das absolute Chaos bekannt, das dort herrscht, dort kann es zu jeder Tag- und Nachtzeit vorkommen, dass ein Insasse seine Zelle anzündet, mit Tränengas aus seiner Zelle geholt werden muss oder es anderen Ärger gibt.

Als die Wachen mich den Korridor hinunterführten und wir um die Ecke bogen, konnte ich sofort ein Feuer riechen, das gerade eben erst gelöscht worden war. Es war ein sehr intensiver Geruch, er konnte aber trotzdem nicht den Geruch nach Scheiße überdecken, der selbst aus der Wand zu kommen schien. Die Stimmung war dunkel und gedrückt; man steckte mich in eine Zelle, deren Wände aus blankem, ungestrichenem Beton bestanden und die nur eine einzelne funktionierende Glühbirne hatte. Es war klar, dass sich hier einfach niemand um den Zustand der Zellen scherte, sie wurden sowieso immer wieder zerstört.

Am nächsten Tag verbrachte ich meine „freie" Stunde alleine im Tagesraum, trainierte ein bisschen und versuchte, mich einfach so viel wie möglich zu bewegen. Ich kannte hier niemanden und wollte auch niemanden kennenlernen, ich würde sowieso sehr schnell wieder von hier verschwinden.

Plötzlich ertönte eine Stimme: „Achtung, Aufenthaltsraum."

„Was ist?", antwortete ich.

„Wie nennt man dich?", fragte die Stimme.

„Lunatic!"

„Ich bin C-Loc, ich bin hier unten in Zelle 74."

„Woher kommst du?", wollte ich wissen.

„Aus dem Südosten von San Antonio", antwortete die Stimme.

Ich wurde hellhörig, als ich den Namen meiner Stadt hörte und erzählte ihm, dass ich aus der Eastside von San Antonio stamme. Ich wusste es zwar noch nicht, aber an diesem Tag wurde der Grundstein für eine besondere Freundschaft gelegt, die ich später noch sehr zu schätzen wissen würde; denn Reginald „Omari/C-Loc" Blanton war ein absoluter Segen für mich.

Als ich Reginald kennenlernte, saß er bereits seit fünf Jahren im Todestrakt und wusste genau, wie diese Mordmaschinerie funktionierte. Ich war damals noch unerfahren, obwohl ich in der Zwischenzeit schon einige Hinrichtungen gesehen hatte. Reginald hatte diese goldene Gianni-Versace-Brillenfassung im Gesicht und zwei Goldzähne im Mund. Sein Brustkorb und seine Arme waren gewaltig, was von den Jahren in der Jugendstrafanstalt und der *Texas Youth Commission* (TYC, dem Jugendgefängnis von Texas) herrührte. Er war auch ein *37 L.O.C. Crip*, also eigentlich mein Feind und Gegner.

Ich wusste sofort, dass ich diesen Mann nicht näher kennenlernen wollte. Es gab einfach zu viele Streitigkeiten zwischen unseren Gangs und ich wollte nicht dazwischen geraten, wenn es Ärger mit der gegnerischen Gang geben würde. Ich war noch total in meiner Straßenmentalität gefangen, doch Reginald hatte Größeres für mich geplant. Geduldig führte er trotz meiner Ablehnung viele Gespräche mit mir und sah dabei etwas in mir, was ich selbst nie zuvor bemerkt hatte, nämlich das Potenzial, Gutes zu tun. Langsam und subtil begann er, mich zu seinem Freund zu machen.

Schon am Tag, nachdem ich Reginald kennengelernt hatte, schickte er mir ein Buch mit dem Titel „*Breaking the chains of psychological slavery*" von Naim Akbar. In diesem Buch ging es um den Schwarzen Mann und um das Verhalten, das dazu beitrug, dass man ihn in Sklaverei halten konnte. Ich wollte es Reginald gegenüber nicht zugeben, aber ich las das Buch. Es sprach mir aus der Seele, der Autor hatte genau verstanden, wie und warum ich mich so verhielt. Das Buch öffnete Tür und Tor für mich und als ich es Reginald/Omari zurückgab, fragte ich ihn, ob er noch ein anderes Buch in dieser Richtung hätte. So stellte mir Reginald in den nächsten Jahren alle möglichen Autoren vor: Huey P. Newton, Bobby Seale und Eldrigde Cleaver von der *Black Panther Party*, Frederick Douglas, Malcolm X und Martin Luther King, Jr. von der Bürgerrechtsbewegung, Karl Marx und Friedrich Engels.

Doch das war gar nicht so einfach, wie es vielleicht klingen mag. Obwohl ich die Bücher liebte, die er mir zu lesen gab, war ich immer noch ein stures, kämpferisches Kind. Ich diskutierte viel mit ihm, widersprach, wo ich nur konnte, aber Omari war sehr geduldig mit mir. Er war von Natur aus ein sehr ruhiger Mensch und hatte unendliche Geduld, während ich weiter versuchte, mit ihm zu diskutieren. Er ließ mich reden und schimpfen, so viel ich wollte, dann schickte er mir seelenruhig ein neues Buch, in dem sein Punkt erklärt und meiner widerlegt wurde.

Während der drei Monate, die ich in der F-Sektion war, wurde ich in die *D.R.I.V.E. (Death Row Inner-Communalist Vanguard Engagement)* eingeführt, in der auch Reginald Mitglied war. Diese Gruppe bestand aus Personen, die gegen die unmenschlichen Lebensbedingungen im Todestrakt protestierten. Sie setzten dafür zahlreiche Taktiken ein, zum Beispiel Sitzstreiks, Hungerstreiks und direkte Aktionen (wie etwa das Provozieren und Ertragen von Tränengasangriffen), um sich Gehör zu verschaffen. Mit der Zeit sah ich, wie sie alle möglichen Veränderungen erreichten und wusste, dass ich ihnen auf jede erdenkliche Weise helfen wollte.

Omari machte mich deshalb mit Gabriel „Capone" Gonzalez bekannt. Capone stammte ebenfalls aus San Antonio. Ich kannte seinen Namen schon vom Hörensagen, denn bevor er in den Todestrakt gekommen war, war er eine lebende Legende auf der Straße geworden. Er war ein *357 Crip* und auf der ganzen Eastside berüchtigt. Er und mein Onkel Michael waren deshalb so etwas wie Erzfeinde und deswegen hatte auch ich sofort eine Abneigung gegen ihn. Als ich ihn traf, war er bereits seit dreizehn Jahren im Todestrakt und nicht mehr in Gangaktivitäten verwickelt.

Als wir einmal zusammen im Außenkäfig waren, nahm er mich beiseite und erklärte mir, dass wir die Dinge, die wir auf der Straße getan hatten, auch auf der Straße lassen sollten. Diese Schlachten müssten wir hier drinnen nicht mehr führen, wir wären jetzt beide im Todestrakt und würden gleichermaßen um unser Leben kämpfen. Wenn wir also weiterhin gegeneinander kämpfen würden, würde es dem Staat Texas nur dabei helfen, uns beide zu ermorden. Ich hörte ihm sehr genau zu, denn obwohl er ein Feind war, war er auch ein *O.G.* und es war mir eine Ehre, so mit ihm sprechen zu können. An diesem Tag klärten wir all unsere Streitigkeiten und schlossen einen Pakt; von nun an würden wir gemeinsam um unsere Leben kämpfen.

Ich saß die neunzig Tage für mein Vergehen ab und wurde danach wieder auf Stufe 1 hochgestuft. Das Gefängnis glaubte, mich bestraft zu haben, doch in Wahrheit hatten sie mein Leben zum Positiven verändert, ohne dass sie oder ich es zu diesem Zeitpunkt wirklich wahrgenommen hätten.

Auf Stufe 1 zu sein war nach der Zeit in der *F-Sektion* einfach nicht mehr dasselbe, plötzlich bemerkte ich all die unmenschlichen Bedingungen und die ungerechte Behandlung. Ich musste also zurück in die *F-*

Sektion und zu *D.R.I.V.E.*, um sie in ihrem Kampf zu unterstützen. Ich hielt dreißig Tage durch, dann ging ich freiwillig wieder zurück, indem ich mich nach einem Freigang weigerte, zurück in meine Zelle zu gehen. Dafür wurde ich, wie geplant, wieder auf Stufe 2 zurückgestuft.

Ich landete also zum zweiten Mal in der *F-Sektion* und fragte Omari, was ich tun könne, um *D.R.I.V.E.* zu unterstützen. Es gab eine Abstimmung unter den Angehörigen der Bewegung und meine Mitgliedschaft wurde bestätigt. Daraufhin wurden mir verschiedene Taktiken beigebracht, die ich zum Beispiel im Umgang mit der Verwaltung anwenden konnte.

Eines der wichtigsten Dinge, die mir gleich zu Anfang beigebracht wurden, war die Kommunikation mit der Verwaltung. Omari und Capone erklärten mir, dass wir der Verwaltung nicht wie einem Feind gegenübertreten, sondern die einzelnen Personen als Menschen wahrnehmen sollten, denn das würde auch uns wieder zu Menschen machen.

Es dauerte eine Weile, bis ich diese Taktik verinnerlicht hatte, denn ich hatte Wärter immer nur als Wärter wahrgenommen, nie als menschliche Wesen, die täglich zu ihren Familien nach Hause gingen. Doch als ich diese Taktik erst einmal erlernt hatte und wusste, wie man mit den Wärtern und der Verwaltung spricht, öffnete mir das die Augen. Ich erfuhr, dass viele der Wärter ebenfalls nicht mit der Art und Weise einverstanden waren, wie man mit uns umging, weder mit der Art der Unterbringung, noch den Lebensbedingungen im Allgemeinen. Das Problem war nur, dass auch sie nicht die Macht oder die Stimme hatten, um etwas für uns zu verändern. Insgeheim unterstützten sie unsere Aktionen trotzdem, diese Taktik erwies sich also als unschlagbar.

———

Doch ich lernte nicht nur, wie man mit der Verwaltung kommuniziert, sondern auch, wie man zum Beispiel gegen Tränengas bestehen kann. Tränengas ist ein Unterdrückungsmechanismus, den das *TDC* nicht nur zur Kontrolle, sondern auch zur Abschreckung einsetzt. Das Gas wird in einer 14-oz-Dose geliefert, die einem kleinen Feuerlöscher ähnelt, und es verbrennt bei Kontakt nicht nur die Haut, sondern entzieht dem Raum auch jeglichen Sauerstoff, um so die Atmung des Opfers zu unterbrechen. Zu dieser Zeit war das Gas also noch ein großes Problem für mich, das ich überwinden musste. Wenn ich lernte, mit dem Gas klarzukommen, würde ich auch im Kampf um die Veränderung der Bedingungen überleben.

Den ersten Angriff mit Tränengas erlebte ich am 24. Juli 2007. Die ganze Geschichte begann aber bereits zwei Tage vorher, am 22. Juli, als ich beschloss, gegen den Hinrichtungstermin eines Mitgefangenen zu protestieren. Ich war im Außenkäfig und weigerte mich, nach der erlaubten Zeit wieder herauszukommen, um in meine Zelle zurückzukehren. Ich hatte nicht geplant, mich mit Tränengas angreifen zu lassen; ich wollte nur einen Sitzstreik starten, um die Verwaltung wissen zu lassen, dass wir mit der Ermordung unseres Mitgefangenen nicht einverstanden waren. Der Sergeant kam und fragte mich, was los sei und warum ich mich weigerte, aus dem Käfig zu treten.

„Was ist dein Problem, Young?"

„Das Problem ist, dass Sie uns töten, ohne sich vorher unseren Fall gründlich anzusehen! Sie bringen uns einfach um!", antwortete ich.

„Young, du weißt doch verdammt gut, dass wir keinen Einfluss darauf haben, wie die Gerichte mit euren Fällen umgehen. Wir müssen euch hier nur unterbringen und versorgen", erwiderte er.

„Nun, die Art und Weise, wie Sie uns unterbringen, ist auch noch so ein Thema. Die Bedingungen sind unmenschlich. Das Essen ist zum Kotzen. Die Aufenthaltsräume sind völlig verseucht von den ganzen Gasangriffen und werden danach nicht einmal gereinigt. Ich könnte noch viel mehr aufzählen, aber Sie wissen das alles bereits, es wäre also sinnlos, viel Zeit mit Erklärungen zu verschwenden. Ich komme nicht raus, also machen Sie Ihr Team fertig und kommen Sie mich holen", forderte ich ihn heraus.

Er wusste, dass ich neu in der Bewegung war, und auch, dass ich noch nie Tränengas abbekommen hatte, also hatte er auch kein Problem damit, genau das zu tun, worum ich ihn „gebeten" hatte; er holte das Einsatzkommando. Ich hatte solche Einsätze schon oft genug gesehen, deswegen war ich mir auch ziemlich sicher, dass die Wärter wieder Wetten untereinander abschließen würden, ob ich freiwillig herauskommen würde oder nicht. Verloren hatten an diesem Tag alle, die glaubten, ich würde sitzen bleiben und den Gasangriff aushalten, denn ich hatte nur vorgehabt, einen einfachen Sitzstreik abzuhalten, keine große Sache. Sie aber kamen mit einem fünfköpfigen Einsatzkommando, ausgerüstet mit Schlagstöcken, Schilden, Helmen und Tränengas.

Der Außenkäfig hat wie gesagt eine riesige Panoramascheibe, so dass sich alle möglichen Wärter dahinter versammeln und auf mich wetten konnten. Sie beobachteten das ganze Spektakel, wie man bei einem Rennen das Pferd beobachtet, auf das man gesetzt hat. Der Sergeant trat vor den Käfig, während er eine Gasmaske im Gesicht und einen Kanister Tränengas in der Hand hatte. Offensichtlich war er bereit für den Angriff, doch dem Protokoll folgend gab er mir zuerst noch zwei direkte Befehle, während eine Kamera lief, um das Geschehen zu dokumentieren.

„Strafgefangener Young, unterziehen sie sich einer gründlichen Leibesvisitation und legen Sie sich die Handfesseln an, oder es werden chemische Mittel eingesetzt."

„Das kann ich leider nicht tun, Sergeant", antwortete ich.

„Strafgefangener Young, ich wiederhole den Befehl. Unterziehen Sie sich sofort einer Leibesvisitation und legen Sie danach die Handschellen an, sonst werden chemische Mittel eingesetzt. Ich werde mich nicht noch einmal wiederholen."

An diesem Punkt begann ich mich auszuziehen, damit ich an mir selbst die Leibesvisitation durchführen konnte. Mit den Händen durch die Haare fahren, den Mund öffnen, die Arme hoch, die Eier anheben, die Arschbacken spreizen, die Füße aufstellen, das volle Programm. Als ich damit fertig war, trat ich rückwärts an die Gitterstäbe heran und man legte mir Handschellen an. Nachdem die Handschellen zugeschnappt waren, ging ich betont langsam zur anderen Seite des Käfigs, von der Tür so weit weg wie möglich und setzte mich hin. Ich tat es, weil sie mich auf diese Art zurück in meine Zelle tragen mussten, und zwar so weit, wie ich es wollte. Sie kamen dann auch, hoben mich auf und trugen mich.

Als ich wieder in meiner Zelle war, kam der Major, die ranghöchste Aufseherin, an meine Zellentür, öffnete die Klappe und sagte: „Young, was bist du nur für ein bescheuertes Weichei? Du hast keinen Schwanz in der Hose, sondern eine Muschi! Also setz dich jetzt auch mit deiner Muschi auf die Pritsche und wisch sie dir erst mal trocken! Wenn wir diesen ganzen

D.R.I.V.E.-Scheiß endlich beendet haben, werde ich dir dafür die Schuld in die Schuhe schieben."

Ich lächelte sie an, doch innerlich kochte ich vor Wut. So hatte schon lange niemand mehr mit mir gesprochen, doch ich wusste auch, dass ich ihr nicht mehr zu antworten brauchte. Ich hatte die Schlacht gewonnen und ihr unprofessioneller Ausbruch bestätigte das. Meine Maßnahmen waren erfolgreich gewesen, das wussten wir beide. Vielleicht hatte sie aber auch nur darauf gewettet, dass ich im Hof bleiben und den Tränengasangriff herausfordern würde, ich weiß es nicht. So oder so, sie hatte verloren.

Was ich in diesem Moment ganz genau wusste, war, dass ich die Verwaltung beim nächsten Mal dazu zwingen würde, Tränengas einzusetzen. Ich wusste, dass sie meinen Protest nur dann wirklich ernst nehmen würden, wenn ich ihrem Tränengas widerstehen würde. Ich teilte also den anderen Mitgliedern von *D.R.I.V.E.* meine Entscheidung mit. Sie versuchten, es mir auszureden und erklärten, dass ich einfach nicht auf die Beleidigungen des Majors reagieren sollte. Ich ließ sie in Ruhe ausreden und erklärte dann, dass sie damit immer weitermachen würde, wenn ich ihr jetzt nicht beweisen würde, wie ernst ich es meinte; ich musste einfach etwas tun.

Was mir an unserer Gruppe immer am besten gefallen hatte, war, dass wir bei wichtigen Entscheidungen Debatten führten, in denen wir alle möglichen Aspekte beleuchteten. Wir versuchten, die Konsequenzen unseres Handelns zu bedenken, um auf das Ergebnis vorbereitet zu sein. Nach stundenlanger Debatte stand mein Entschluss nach wie vor fest, ich würde gegen das Verhalten des Majors protestieren, dafür würde ich mich mit der Chefetage der Verwaltung anlegen.

———

Als der Tag gekommen war, ging ich während meiner „Freistunde" also in den Aufenthaltsraum und war auf alles vorbereitet. Ich hatte alle notwendigen Materialien dabei: ein Stück Plastik, um meine Augen zu bedecken, ein Tuch, um eine improvisierte Gasmaske zu basteln und einen Pullover, um das Gas von meinem Körper fernzuhalten. Als meine Zeit im Aufenthaltsraum vorbei war, kamen die Beamten, um mich wieder in meine Zelle zu bringen.

Natürlich weigerte ich mich, wie schon zuvor im Außenkäfig. Der Beamte rief auch dieses Mal wieder die ranghöchsten diensthabenden Beamten und zwei Sergeants erschienen, um mit mir zu sprechen. Doch als sie mich so vorbereitet im Aufenthaltsraum stehen sahen, wussten sie sofort, dass Reden dieses Mal keinen Sinn mehr haben würde. Ich war bereit.

Ich hatte sogar ein Knäuel Toilettenpapier in der Hand, ging damit zu den Gitterstäben, legte das Toilettenpapier ruhig auf den Boden und bat die Sergeants: „Sagen Sie dem Major bitte, sie soll doch selber herkommen und mir meine nasse Muschi trocken wischen!"

Sie schüttelten den Kopf, verstanden die Anspielung aber voll und ganz. Sie gingen also weg und kamen kurz darauf mit dem voll ausgerüsteten Einsatzkommando zurück. Sie hatten zwei Kanister Tränengas und eine Art Gewehr bei sich, aber keinen Major. Ich hatte die Waffe noch nie zuvor gesehen und wusste nicht, was sie konnte. Sie war lang und sah fast aus wie eine Schrotflinte, Kaliber 12. Das Loch im Lauf sah aus, als könnte man damit einen Tennisball verschießen. Einer der Sergeants richtete die Waffe auf mich und gab dieselben Befehle wie zwei Tage zuvor. Dieses Mal verweigerte ich sie beide in dem Wissen, dass man mich dafür mit Tränengas angreifen würde.

Nachdem ich das zweite Mal verneint hatte, hörte ich einen lauten Knall. Ich sprang auf und eine riesige Rauchwolke schlug mir ins Gesicht. Der eine Sergeant hatte die Waffe abgefeuert, während der andere mir jetzt das Tränengas direkt ins Gesicht sprühte und den Kanister komplett leerte. Sie warteten drei Minuten, bis die Chemikalien gewirkt hatten, um zu sehen, ob ich mich jetzt fügen würde.

Als die drei Minuten um waren, sprühten sie mir auch noch die zweite Dose ins Gesicht, da ich einfach nicht aufgeben wollte. Während sie mich mit dem Tränengas besprühten, versuchte ich nur, meine Atmung möglichst flach zu halten. Das Wichtigste, wenn man mit Tränengas angegriffen wird, ist es, nicht zu husten. Die ganze Zeit über hatte ich ein Kribbeln im Hals und ein Kitzeln in der Nase, doch ich wusste, dass ich auf keinen Fall husten durfte. Wenn ich husten würde, würde das Gas sofort meine Atemwege angreifen und meine Atmung unterbrechen.

Nach weiteren drei Minuten stellte der Sergeant das fünfköpfige Einsatzkommando an der Tür zum Aufenthaltsraum auf. Sie befahlen mir ein letztes Mal, herauszukommen. Ich weigerte mich erneut. Daraufhin öffneten sie die Tür und kamen herein, um mich zu holen. So ein Einsatzkommando besteht aus fünf oder mehr Männern, die alle über 100 Kilo wiegen. Sie tragen Knieschützer, Ellbogenschützer, eine schusssichere Weste, einen Helm und eine Gasmaske in Militärqualität, außerdem sind sie mit einem Glasfaser-Schutzschild ausgestattet.

Es ist ein beeindruckender Anblick, wenn über 1000 Pfund bewaffneter Muskelmasse mit voller Wucht auf einen zukommen. Im ersten Moment hatte ich deshalb so viel Panik wie ein Reh im Scheinwerferlicht, doch dann gewann ich meine Fassung wieder. Ich

kämpfte fast eine ganze Minute lang mit dem Team; in
so einer Situation ist das eine verdammt lange Zeit. Sie
zwangen mich auf den Boden, fesselten mich und
brachten mich dann zurück in meine Zelle. Doch der
Major kam nie wieder, um mit mir zu sprechen.

KAPITEL 9

Zu dieser Zeit entwickelte ich mich rasend schnell und wir hielten täglich „Sitzungen" ab, um darüber zu sprechen, wie wir in der Öffentlichkeit wahrgenommen wurden und wie wir das ändern könnten. Wir waren keine Monster, sondern Menschen und wollten das beweisen, indem wir uns weiter entwickelten und fortbildeten.

Eine unserer wichtigsten Proteststrategien waren Sitzstreiks, vor allem am Tag einer Hinrichtung. Wir wollten dem Häftling, der den Termin hatte, beweisen, dass er im Kampf um sein Leben nicht alleine war. Außerdem wollten wir der Außenwelt zeigen, dass wir in keiner Weise mit den staatlich sanktionierten Morden einverstanden waren, die damals durchgeführt wurden und noch bis heute durchgeführt werden.

Ich erinnere mich besonders an einen Vorfall im September 2007, in dem der Staat Texas gleich drei Hinrichtungen hintereinander geplant hatte; ich musste einfach ein Zeichen setzen. Es waren bereits zwei Menschen hingerichtet worden und der dritte Tod war für die folgende Woche geplant; da bekam ich einen Besucher von draußen. Ich genoss die Zeit im Besucherraum sehr, doch als man mich auf den Gang zwischen dem flachen Besuchergebäude und dem Gebäude für die Todeskandidaten brachte, setzte ich mich einfach auf den Boden.

Der Gang ist außen zwischen den Gebäuden angelegt, hat einen Betonboden, ein Stahldach und zu beiden Seiten Maschendraht, durch den man das dahinter liegende Gras sehen kann. Berühren kann man es allerdings nicht, geschweige denn, dass man einmal darauf laufen dürfte. Ich habe schon seit Jahren kein Gras mehr unter den Füßen gefühlt. Mir war aber klar, dass mein Protest hier die größte Wirkung entfalten würde, denn es war derselbe Weg, den der Häftling bald gehen würde, wenn man ihn zu seiner Hinrichtung brachte. Außerdem würden mich die Wärter von hier aus am weitesten tragen müssen, da die Zelle, in der ich untergebracht war, im hinteren Teil des Todestrakts lag.

Ich saß also auf dem Boden und weigerte mich, auch nur einen einzigen weiteren Schritt zu machen. Ich forderte die begleitenden Wärter dazu auf, einen ranghohen Beamten zu holen, damit ich auf einer Trage zurück in meine Zelle gebracht werden konnte und es kam dann auch ein ranghoher Beamter aus dem normalen Gefängnis. Er redete mit mir, wie sie eben mit Gefangenen reden, wenn sie keine Lust oder keine Zeit haben.

Er kam dicht an mich heran, so dicht, dass ich den frischen Kautabak in seinem Atem riechen konnte und sagte: „Verpiss dich sofort aus meinem Durchgang!“

Ich lächelte ihn an. Ich wusste, wie das Spiel lief und hatte verstanden, was er vorhatte. Er wollte eine freche Antwort provozieren, um damit die Prügel zu rechtfertigen, die er bereits für mich eingeplant hatte.

Doch stattdessen gab ich ihm eine Antwort, die ihn offensichtlich überraschte: „Soweit ich weiß, gehört dieses Gefängnis nicht Ihnen. Außerdem denken Sie bitte an das Handbuch PD-22, das jeder Beamte in diesem Gefängnis beachten muss, und vor allem an Regel 14: ein Beamter darf gegenüber einem Straftäter keinerlei Schimpfworte oder rassistische Ausdrücke verwenden. Tut der Straftäter dies zuerst, darf der Beamte nicht in gleicher Weise antworten. Ich kenne übrigens auch das Verfahren zur Anwendung von Gewalt und wenn Sie möchten, werde ich Ihnen auch das noch zitieren, kein Problem. ODER aber Sie holen jetzt einfach die

Kamera und Ihre Trage und wir können mit dem Protest weitermachen.“

Der Beamte war völlig verblüfft und ich wusste, dass noch nie zuvor ein Insasse so mit ihm gesprochen hatte. Er wusste einfach nicht, wie er darauf reagieren sollte. Er schien noch zu überlegen, als ihn eine weibliche Stimme außerhalb meines Blickfeldes rettete; es war eine ebenfalls ranghöhere Beamtin, die schon öfter mit solchen Protesten zu tun gehabt hatte und die ihm jetzt erklärte, sie würde übernehmen.

Sie fragte mich: „Ist das wieder ein friedlicher Protest, Young?“

„Ja, Sergeant, und ich bin bereit, wenn Sie es sind“, antwortete ich.

Sie nahm ihr Walkie-Talkie und sagte der Stimme auf der anderen Seite, sie solle einen Rollstuhl schicken. Ich unterbrach sie und sagte ihr, dass ich mich weigern würde, freiwillig in einem Rollstuhl zu fahren, als wäre ich ein Patient, sie solle besser gleich die Trage anfordern. Ich wollte die Trage als Teil meines Protestes. Die Trage war wichtig, denn sie würde die Aussage, die ich machen wollte, noch wirkungsvoller machen. Außerdem wollte ich, dass der Mann, der bald sterben würde, wusste, dass wir bei unserem Protest dazu bereit waren, mit ihm auf dieser Trage zu liegen. Als sie schließlich gebracht wurde, hatte ich mehr Zuschauer als gewöhnlich. Es waren eine Menge Beamte in dem Gang aufgetaucht, die eigentlich im normalen Strafvollzug tätig waren, aber schon oft von den Protesten im Todestrakt gehört hatten und jetzt einen mit eigenen Augen sehen wollten. Ich war ihre Chance.

Man hob mich auf die Trage, wie schon so viele andere vor mir, egal ob tot oder lebendig. Wieder wurde alles zur Beweissicherung gefilmt und ich erklärte den Zuschauern jeden einzelnen Schritt, denn sie alle glichen sehr dem Hinrichtungsprotokoll. Als man mich festschnallte, wies ich darauf hin, dass ich mich aus Solidarität festschnallen lassen würde, genauso wie es all die gewesen waren, die bereits vom Staat hingerichtet worden waren.

Man brachte mich zurück in meine Zelle und zog mich komplett aus. Man nahm mir alle Kleider weg und ließ mich dann für den Rest der Nacht in der Zelle zurück, nackt, wie Gott mich schuf.

Doch das war es wert, denn dieser Protest wurde das Gesprächsthema Nr. 1 im kompletten Todestrakt. Er wurde als das wahrgenommen, was er war, ein Zeichen der Solidarität; und ich weiß, dass er vielen Menschen Kraft gab, deren Hinrichtung bereits geplant war. Sie fühlten sich jetzt nicht mehr unverstanden und allein, sondern wussten ab diesem Zeitpunkt, dass wir alle bei ihnen waren. Es war das erste Mal gewesen, dass man mich auf eine Trage schnallen musste, aber definitiv nicht das letzte Mal.

Die Proteste gingen also weiter und im Oktober errang *D.R.I.V.E.* einen wichtigen Sieg gegen die Tötungsmaschinerie. Kenneth „Haramia" Foster, eines unserer Mitglieder, hatte seinen Hinrichtungstermin für den 20. August bekommen. Er saß in der Todeszelle für einen Mord, den er nicht begangen hatte …und der Staat Texas wusste es! Sie hatten ihn aufgrund des „*Law of parties*" verurteilt. Dieses Gesetz besagt, dass eine Person, die mit dem eigentlichen Mörder am Tatort ist, genauso für den Mord verantwortlich ist, wie der, der den Abzug betätigt hat.

Kenneth war bei einem Mord über 100 m vom Tatort entfernt gewesen und hatte in diesem Augenblick keine Ahnung, was überhaupt vor sich ging. Er saß einfach in seinem Auto und wartete auf einen Freund, als er plötzlich Schüsse hörte und sah, wie sein Freund auf das Auto zugerannt kam. Er schrie, man würde auf ihn schießen und Kenneth solle sofort den Wagen starten, sie müssten weg. Kenneth tat also, was jeder vernünftige Mensch in seiner Situation getan hätte: Er gab Gas, um nicht getötet zu werden!

Später wurde er wegen eines Mordes verhaftet, von dem er nicht einmal Zeuge geworden war. Sein Fall wurde im selben Gerichtssaal und zur selben Zeit wie der des eigentlichen Mörders verhandelt, so dass es aussah, als ob er doch irgendwie mit dem Fall zu tun hätte. Nachdem sein Mitangeklagter aufgrund der Beweise überführt worden war, wurde auch Kenneth zum Tode verurteilt; nicht wegen irgendwelcher Beweise, sondern einfach wegen des sprichwörtlichen „Zur falschen Zeit am falschen Ort", und der Staat Texas gab diese Tatsache unumwunden zu!

Kenneth führte also eine große Kampagne, um sein Leben zu retten. Er wollte das „*Law of parties*" als das entlarven, was es war; ein Gesetz, mit dem auch die Hinrichtung Unschuldiger gerechtfertigt wurde, einfach nur, weil man beweisen wollte, wie hart man in Texas gegen Straftäter vorgeht. Menschen aus der ganzen Welt halfen ihm bei dieser Kampagne, sie skandierten permanent, dass er nicht hingerichtet werden dürfe, da seine Verurteilung auf sehr wackeligen Füßen stand. Diese Bewegung zog auch zahlreiche Politiker und einflussreiche Persönlichkeiten aus der ganzen Welt an.

Während Kenneth die Kampagne und das Problem des „*Law of parties*" also nach außen trug, kümmerte sich *D.R.I.V.E.* darum, dass er innerhalb des Gefängnisses Unterstützung erhielt. Der Kampf im Gefängnis mag nach vergebener Liebesmüh klingen, aber eine Sache, die wir uns gegenseitig beibrachten, war, dass der Kampf im Inneren den Kampf im Äußeren nährte, genauso wie umgekehrt. Niemand würde für uns kämpfen, wenn wir nicht selbst für uns kämpften. Also führten wir jedes Mal, wenn wir unsere Zellen verließen, einen Sitzstreik durch. Wir führten so viele Sitzstreiks durch, dass die Verwaltung irgendwann einfach damit aufhörte, uns Disziplinarverfahren dafür aufzuerlegen; der Papierkram dafür war einfach zu umfangreich geworden.

Stattdessen begannen sie, andere Taktiken anzuwenden, die wir bisher noch nie erlebt hatten. Sie ließen uns zum Beispiel eine volle Woche nicht mehr aus der Zelle, das bedeutete KEIN Duschen, KEIN Aufenthaltsraum, KEIN Außenkäfig, …, sie versuchten sogar, uns unsere Besucher zu verweigern. Wir fanden trotzdem immer wieder Wege, uns Gehör zu verschaffen und protestierten weiter.

An dem Tag, an dem Kenneth hingerichtet werden sollte, wurden die *D.R.I.V.E.*-Mitglieder unter Sicherheitsverschluss gehalten, das bedeutete, dass wir aus keinem Grund die Klappen in unseren Türen öffnen durften/konnten und somit an diesem Tag auch nichts essen konnten.

Uns war das egal, denn wir hatten ohnehin nicht vor, an diesem Tag etwas zu essen. Wir hatten bereits einen Hungerstreik geplant, um unsere Solidarität mit unserem Bruder zu zeigen, der ebenfalls seine letzte Mahlzeit verweigern wollte. Alle Mitglieder von *D.R.I.V.E.* hatten Besuche von Anwälten arrangiert, damit wir noch einmal im Besucherraum bei ihm sein konnten, bevor er uns für immer verlassen würde. Doch die Verwaltung machte uns auch das kaputt. Sie brachten Kenneth einfach in der Nacht zuvor und ohne Wissen seiner Familienangehörigen in die *Walls Unit*.

Kenneth wartete allerdings noch immer auf eine Entscheidung von Rick Perry, dem damaligen Gouverneur von Texas, die entweder Begnadigung oder Hinrichtung bedeutete. Eine Begnadigung kommt nur in den seltensten Fällen vor und Gouverneur Perry musste eine heikle politische Entscheidung treffen, die sich jedoch nicht vermeiden ließ. Die Entscheidung, die er in diesem Fall treffen musste, würde den Rest seiner Karriere als Politiker bestimmen.

Natürlich hatte er Arnold Schwarzenegger in Kalifornien gesehen, als der dort Gouverneur war, und sich auch mit der Hinrichtung von Stanley „Tookie" Williams befassen musste, der der Gründer der *Crips* gewesen war, gleichzeitig aber auch für den Friedensnobelpreis nominiert worden war, weil er zahlreiche Kinderbücher geschrieben hatte und viel für die Entspannung zwischen den *Bloods* und den *Crips* getan hatte. Williams hatte seine eigene Biografie geschrieben, während er in der Todeszelle saß; Schwarzenegger hatte ihn trotzdem hinrichten lassen und damit politischen Selbstmord begangen. Perry musste sich also zurückhaltender verhalten. Er musste einen Weg finden, um beide Seiten zufriedenzustellen, wenn er keine Wähler verlieren wollte.

Als er also seine Pressekonferenz abhielt, die Frisur wie aus Beton gegossen, so wie er sie immer trug, verkündete er sein salomonisches Urteil, Kenneth aufgrund der Art und Weise, wie sein Prozess geführt worden war, zu begnadigen, da er zur gleichen Zeit wie sein Mitangeklagter vor Gericht gestanden hatte. Er fuhr fort, dass diese Art von Prozess gestoppt und erst einmal überprüft werden müsse. Er sagte, dass jeder Angeklagte das Recht auf ein eigenes Verfahren habe. Er erwähnte allerdings nie das *Law of parties*, das ja der eigentliche Grund für diese Verurteilung gewesen war.

Die Art und Weise, wie Perry die Situation löste, war einfach brillant. Er hatte es geschafft, beide Seiten der Debatte zufriedenzustellen. Die Befürworter des

Law of parties waren mit der Entscheidung zufrieden, weil sie das Gesetz an sich gar nicht erst berührte. Diejenigen aber, die für Kenneth eintraten, waren zufrieden, weil er leben durfte. Perry selbst hat sich danach nie wieder mit dem Thema der gemeinsamen Prozesse befasst.

Als Kenneth also eine lebenslange Haftstrafe erhielt statt der Todesstrafe, waren wir begeistert. Das Blut, der Schweiß und die Tränen, die wir in die Reformbewegung gesteckt hatten, waren nicht vergebens gewesen. Die Verwaltung bat uns, die Proteste wieder etwas herunterzufahren und ihnen die Möglichkeit zu geben, erst einmal auf die Beschwerden zu reagieren, die wir vorgebracht hatten. Wir beruhigten uns also wieder und konzentrierten uns auf unsere persönlichen und rechtlichen Situationen. Gabriel winkte aufgrund einer Unstimmigkeit in seinem Prozess eine lebenslange Haftstrafe, die er später auch bekommen sollte, Reginald musste mit ansehen, wie sein Fall aufgrund der Inkompetenz seiner Anwälte vom Bundesgerichtshof abgewiesen wurde und ich hatte mit der Inkompetenz meines damaligen Berufungsanwalts zu kämpfen.

KAPITEL 10

Wir näherten uns jetzt dem Ende des Jahres 2008 und die Verwaltung versuchte tatsächlich, die Probleme zu lösen, auf die wir sie aufmerksam gemacht hatten. Das Leben im Todestrakt lief für uns so glatt, wie es nur ging. Die Tötungsmaschinerie holte sich allerdings auch weiterhin ihre Opfer und wir konnten nichts dagegen tun. Es war unvermeidlich und wir lernten, so gut es ging damit zu leben.

Im Oktober desselben Jahres gab es dann leider einen riesigen Skandal bei uns, so schlimm, dass er im ganzen Land Beachtung fand und Auswirkungen auf jedes Gefängnis in Amerika hatte. Seit Jahren gab es bereits illegale Handys im Gefängnis, das war ein offenes Geheimnis und das System drückte oft ein Auge zu, wie bei fast allen anderen Schwarzmarktgeschäften, die die Insassen etwas ruhiger werden ließen. Was man nicht unterbinden konnte, musste man halt ein Stück weit dulden. Bis dahin war ja auch noch nichts Schlimmes mit den Handys passiert, wieso also sollte das Gefängnissystem sich die Blöße geben, die Existenz dieser Schmuggelware überhaupt zuzugeben?

Doch dann benutzte ein Insasse der Todeszelle ein geschmuggeltes Handy, um einen Senator zu kontaktieren, in der Hoffnung, von ihm politische Hilfe für seinen Fall zu bekommen. Der Häftling war nicht unbedingt von der klugen Sorte und hatte wirklich keine Ahnung, was er damit lostreten würde. Der Senator, der das Gespräch persönlich angenommen hatte, lehnte natürlich jegliche Hilfe ab, woraufhin der Häftling seine Taktik wechselte und damit begann, die Familie des Senators zu bedrohen. Das war ein Fehler! Diese Drohungen lösten etwas aus, was wir damals alle zu spüren bekamen und auch heute noch immer spüren.

Der Todestrakt wurde komplett abgeriegelt und einer gründlichen Durchsuchung unterzogen. Der *Lockdown* dauerte zwei lange und harte Monate, es war eine wirklich schwere und deprimierende Zeit für uns. Nach zwei Monaten hatte man zwar nur drei oder vier Handys gefunden, aber es wurden trotzdem weitreichende Ermittlungen von allen möglichen Stellen der Regierung durchgeführt. Das *TDC* nutzte die Aufmerksamkeit natürlich auch sofort aus, um der Öffentlichkeit die strengen Sicherheitsmaßnahmen vorzustellen, die sie eingeführt hatten. Insassen, die früher unter großer Aufmerksamkeit der Medien verurteilt worden waren, standen jetzt plötzlich wieder im Rampenlicht, obwohl sie nichts mit den Handys zu tun hatten. Es herrschte das reinste Chaos und die Debatte um Handy-Störsender in den Gefängnissen war entbrannt.

Im Todestrakt haben die Insassen nur sehr wenige Freiheiten, geschweige denn Zugang zu Dingen der modernen Welt wie zum Beispiel Handys, Laptops, Tablets, usw.! Straftäter im Regelvollzug dürfen allerdings innerhalb des Gefängnisses arbeiten gehen, können dort Fortbildungskurse machen und haben Fernseher. Selbst die Insassen der anderen Todestrakte in Amerika haben Zugang zu Fernsehern, die Männer im Todestrakt von Texas dürfen allerdings nichts davon haben. Sie haben wortwörtlich und buchstäblich nichts, was man auch nur ansatzweise als modern bezeichnen könnte. Wir sind 22-23 Stunden am Tag alleine in unseren Zellen eingesperrt und dürfen nur alle neunzig Tage einen 15-minütigen Anruf tätigen, FALLS der Antrag dafür genehmigt wird.

Das *TDC* ist eine staatlich geführte Einrichtung, die mit staatlich bewilligten Geldern finanziert wird. Das gab dem Staat auch die Macht, ein Gremium einzusetzen, das darüber entscheidet, was den Gefangenen verkauft werden darf und was nicht. Trotz der zahlreichen Bitten, selbst von Wärtern, uns wenigstens Fernseher zu geben, hat das Komitee ihre Bitten immer wieder abgelehnt. Nur wegen dieser Weigerung konnte ein Schwarzmarkt für Dinge wie Handys überhaupt erst entstehen. Texas hat im Jahr 2009 auch ein Gesetz erlassen, das jedem Strafgefangenen den Zugang zu einem Münztelefon garantiert. Dieses Gesetz gilt überall, nur nicht im Todestrakt. Wir werden noch immer für diesen einen Anruf bestraft, den ein Senator Jahre zuvor erhalten hat.

Im November 2008 erhielt ich dann überraschend einen Brief, in dem man mir mitteilte, dass fünf Personen wegen „Sicherheitsbedenken" von meiner Besucherliste gestrichen worden waren: meine Mutter, mein jüngster Bruder, mein Großvater, mein Cousin und ein guter Freund. Drei dieser Personen hatten mich nicht ein einziges Mal besucht, gestrichen wurden sie trotzdem. Die Verwaltung erklärte, ich hätte diese fünf Personen mit einem geschmuggelten Handy angerufen (was ich auch getan hatte).

Ich war trotzdem nie mit einem Handy erwischt worden und wusste deshalb auch, dass meine Anrufe nicht der Grund dafür sein konnten, dass sie von der Liste gestrichen worden waren. Die meisten Insassen im Todestrakt benutzten zu der Zeit Handys und früher oder später wurden sie auch alle beschlagnahmt, wir wussten das, aber nur bei sehr wenigen von ihnen wurde auch wirklich jemand von der Liste gestrichen.

Als ich also mit einem Verwaltungsbeamten über das Problem sprach, erklärte er mir, dass es daran lag, dass meine Familie meine Anrufe nicht an offizielle Stellen gemeldet hätte, wie es die Familien der anderen Insassen getan hatten. Ich war stinksauer! Sie wollten also, dass meine eigene Familie mich ans Messer lieferte, nur weil sie meine Stimme hatten hören können. Wir hatten über nichts Illegales oder Ähnliches gesprochen und vor allem über nichts, was die Sicherheitsvorkehrungen des *TDC* gefährdet hätte. Wir hätten gar nicht die Zeit dafür gehabt, es waren alles sehr kurze Gespräche.

Es war eine emotionale Zwickmühle, die sich die Verwaltung zunutze machen wollte. Sie strichen diese für mich wichtigen Menschen von der Liste, weil sie mich nicht verpfiffen hatten; hätten sie mich allerdings verpfiffen, hätte ich nie wieder freiwillig mit ihnen sprechen wollen. Sie waren also so oder so dran, ob sie mich nun verrieten oder nicht.

Ich nahm es sehr persönlich, dass man meine Familie in diese Lage gebracht hatte. Ich schrieb Beschwerdebriefe und sprach mit jedem Beamten, den ich erreichen konnte, um eine Lösung zu finden. Die einzige Lösung, die sie vorschlugen, war, den Beamten zu nennen, der uns die Telefone hereingebracht hatte. Dabei gab es zwei Probleme; zunächst einmal wusste ich gar nicht, welcher Wärter die Telefone hereinbrachte; außerdem bin ich kein Spitzel. Das Telefon, das ich benutzt hatte, hatte ich von keinem Beamten bekommen, sondern von einem anderen Häftling ausgeliehen, und nie im Leben hätte ich der Verwaltung verraten, wer dieser Häftling war.

Als sie sahen, dass ich ihnen diese Informationen nicht geben würde, antworteten sie mir einfach nicht mehr. Die ganze Angelegenheit wurde von offizieller Seite nur noch ein einziges Mal angesprochen, als mir ein Beamter mitteilte, man habe meine Familie kontaktiert und auch die habe nichts weiter zu sagen.

Für mich hieß es also, dass ich wieder kämpfen musste. Ich startete meine eigene Kampagne, um die Verwaltung wissen zu lassen, dass ich es nicht einfach so hinnehmen würde, dass sie meine Familie zu einem Teil ihres politischen Spiels machten. Ich begann auch wieder damit, mich mit den Einsatzkommandos anzulegen, denn auf diese Weise wollte ich den zentralen Stellen in Huntsville zeigen, dass ich es ernst meinte.

Die Verwaltung konnte sich das natürlich nicht noch einmal widerspruchslos bieten lassen und begann damit, mir meine Proteste so schwer wie möglich zu machen. Ich wurde weitab und von allen anderen Gefangenen isoliert untergebracht und man schoss immer wieder Tränengas in die Zelle; dabei wurde ich mit einer Pistole beschossen, die ähnlich wie eine Paintballwaffe Kugeln verschießt, allerdings nicht mit Farbe gefüllt, sondern mit Tränengas. Und es tat wirklich höllisch weh, wenn man davon getroffen wurde. Es ging so weit, dass ich mehrere dieser Kugeln auf den Körper und eine ins Gesicht bekam, doch ich machte weiter.

Irgendwann wurde die Gewaltanwendung durch die Einsatzkommandos so schlimm, dass ich wusste, sie würden mich noch ins Krankenhaus bringen, wenn ich nicht bald etwas unternähme; also begann ich damit, Waffen zu benutzen. Es ist nicht schwer, im Gefängnis an Waffen zu kommen. Jeder halbwegs intelligente Mensch kann sich selbst eine Waffe bauen.

Ich zum Beispiel nahm ein Stück Metall von der Wand und schliff es ab, bis es vorne ganz spitz war. Ich fand sogar einen Weg, einen kleinen Griff anzubringen, damit ich mich beim Gebrauch der Waffe nicht selbst verletzen würde.

Doch der erste Versuch, meine neue Waffe zu benutzen, endete in einer absoluten Katastrophe. Als ich versuchte, mit dem improvisierten Messer auszuholen, flog die Klinge einfach quer durch den Raum und überraschte sowohl mich als auch das Einsatzkommando.

Später lachten wir herzlich darüber, denn wir alle wussten, dass es eigentlich ein wahnsinnig absurder Moment gewesen war.

Nach diesem Tag sprach ich aber auch ernsthaft mit einem der Officer, die zum Einsatzkommando gehörten. Ich sagte ihm, dass sie sich einfach weigern sollten, in meine Zelle zu kommen, wenn sie nicht verletzt werden wollten. Es war eine ehrliche und gut gemeinte Warnung. Die meisten der Männer verstanden sogar, warum ich all das tat und einige gingen zu ihren Vorgesetzten und baten darum, das Problem mit meiner Familie zu lösen. Keiner von uns wollte wirklich mit dem anderen kämpfen.

Doch das nächste Mal, als sie in meine Zelle kamen, war ich besser vorbereitet; ich schnitt einem der Beamten durch das Hosenbein und stach einem anderen in die Kniescheibe. Aber es änderte sich immer noch nichts an der Situation meiner Familie. Ich wurde immer frustrierter und wusste, dass viele Menschen etwas dagegen hatten, wie ich mit der Situation umging; aber was für eine Wahl hatte ich denn, niemand hörte mir zu!?

Ich versprach mir aber auch selbst, nur noch einmal mit der Waffe in der Hand zu reagieren. Würde es beim nächsten Mal wieder nicht die gewünschte Reaktion geben, würde ich meine Taktik ändern. Ich hatte mich schon von Anfang an ganz bewusst dafür entschieden, keinen der Wärter einzeln anzugreifen, egal wie günstig die Gelegenheit auch sein würde, denn es wäre falsch und feige gewesen.

Etwas ganz anderes war es, wenn das Einsatzkommando in voller Montur und mit mehreren Männern in meine Zelle kommen würde. Die einzelnen Beamten trugen keine Schuld an meiner Lage, die Einsatzkommandos aber waren für mich die Verkörperung des Staates und seiner Gewalt über mich. Es war die Einsatztruppe, die der Staat benutzte, um mich zu unterdrücken. Wenn also jemand während so eines Einsatzes verletzt werden würde, wäre das nichts Persönliches, da die Männer die Konsequenz ja in dem Moment kannten, in dem sie ihre Einsatzkleidung anzogen, um in meine Zelle zu stürmen.

Der Tag, an dem ich mich zum letzten Mal dazu entschied, meine Waffe zu verwenden, begann schrecklich. Man verbot mir die Stunde im Außenkäfig, weil die Beamten Angst davor hatten, sich mit mir zu beschäftigen. Ich verstand sie, war aber natürlich trotzdem nicht damit einverstanden und merkte selbst, wie ich den Tag über immer wütender und wütender wurde. Ich steigerte mich richtig in diese Wut, entschied mich dann aber dafür, mit meinem Angriff auf einen Tag zu warten, an dem ich mich besser unter Kontrolle haben würde.

Doch dann gab es noch eine weitere Konfrontation mit einem Beamten und damit war die Entscheidung endgültig gefallen. Ich verhängte das Fenster in meiner Zellentür und weigerte mich, den Wärtern zu antworten, die nach mir sehen wollten. Es gibt keine Kameras in den Zellen, so dass die Wärter nur durch die Tür blicken können. Wenn der Inhaftierte also etwas vor diese Tür hängt, haben sie keine Kontrolle mehr über das, was in der Zelle passiert und können nicht sehen, was möglicherweise dort auf sie wartet. Sie müssen deshalb ein Einsatzteam anfordern, dass die Zelle stürmt.

Als das Team kam, hatten sie natürlich wieder ein paar Kanister Tränengas dabei. Der Sergeant, der das Team anführte, öffnete meinen Essensschlitz und leerte den ersten Kanister in meine Zelle. Dann schloss er den Schlitz wieder und wartete ein paar Minuten, um zu sehen, ob das Gas mich zur Aufgabe zwingen würde.

Tat es nicht. Es ging mir nicht nur darum, sie etwas zu provozieren, sondern auch darum, sie wirklich in meine Zelle zu locken. Ich konnte an nichts anderes mehr denken als an meine Familie und die Art, wie man sie bestrafte; das musste jetzt sofort geklärt werden. Der Sergeant öffnete meine Tür ein wenig und warf einen weiteren Kanister Tränengas hinein, er glaubte wohl, dann würde ich hinauslaufen oder mich wenigstens bewegen. Doch ich blieb weiter stumm und bewegte mich nicht. Ich blieb genau da, wo ich war. Als er sah, dass ich nicht auf seine Taktik hereinfiel, schloss er die Tür wieder, damit sie sich eine andere Taktik überlegen konnten.

Als sich die Tür zum zweiten Mal öffnete, war es kein Bluff mehr. Das Einsatzkommando stürmte meine Zelle und ich musste schnell reagieren. Ich warf meine linke Hand unerwartet hoch, da ich wusste, dass sie auf meine Hände achten würden, sie wussten ja, dass ich schon in der Vergangenheit Waffen besessen hatte. Dann holte ich mit der rechten Hand aus und stach zu. In dem Gerangel spürte ich, wie ich irgendetwas traf, ich zog die Hand zurück und stach noch einmal zu, wieder spürte ich einen Widerstand, beim dritten Mal war ich mir selbst im Weg und konnte nicht mehr zustechen, also warf ich das Messer so weit wie möglich von mir weg, da ich wusste, dass das Einsatzkommando mich gleich unter sich begraben würde. Ich wurde auf den Boden geworfen und gefesselt, dann forderte der Sergeant das Team dazu auf, Verletzungen zu melden.

In diesem Moment hörte ich: „Er hat mich erwischt, er hat mich erwischt!"

Der Sergeant fragte: „Wie viele hat es erwischt?"

„Ein Mann! Zwei Männer!", kamen die Stimmen zurück.

Es war mir völlig egal. Es war das erste Mal, dass ich tatsächlich auf jemanden eingestochen hatte und ich empfand nichts dabei. Auf der Straße hatte ich immer eine Pistole dabei gehabt, was viel einfacher gewesen war, als ein Messer zu benutzen. Ich erinnere mich daran, dass mir einmal jemand erzählt hatte, es sei viel schwerer jemanden zu erstechen, als ihn zu erschießen. Jemanden abzustechen ist blutiger, grausamer und direkter, als jemanden zu erschießen, da er näher dran ist. Ich habe oft an diese Worte gedacht und weiß jetzt, dass derjenige Recht hatte.

Ich lag also einfach auf dem Boden, nicht einmal ein Lächeln im Gesicht, während sie die verletzten Männer aus meiner Zelle entfernten und mit neuen Beamten ersetzten. Man verlegte mich in eine andere Zelle und ließ mir nichts anderes als einen Papierkittel. Dieser Kittel war grün und ähnelte denen, die man in einem Krankenhaus bekommt. In dieser Zelle blieb ich für sieben Tage, während draußen tiefster Winter herrschte. Ich schlief auf einer kalten Stahlplatte und fror erbärmlich, aber ich beschwerte mich nicht. Mir war sehr bewusst, was ich getan hatte und obwohl mir die Beamten, die ich niedergestochen hatte, leidtaten, bereute ich es nicht im Geringsten.

Einige Tage später bekam ich Besuch vom Leiter der Abteilung, er war dafür bekannt, nicht lange zu fackeln; ein echt harter Knochen, dabei war er nur etwa 1,70 m groß. Wir nannten ihn Napoleon! Er wollte mit mir über den Angriff auf seine Beamten sprechen und hören, warum ich es getan hatte. Ich schilderte ihm die Situation und erklärte ihm auch im Detail, wieso ich die Bestrafung meiner Familie für rechtswidrig und übertrieben hielt.

Er hörte mir tatsächlich aufmerksam zu und stimmte mit den meisten Punkten überein, dann schlug er mir einen Handel vor: Er meinte, wenn ich es schaffen würde, ein volles Jahr lang keinen seiner Beamten anzugreifen, dann würde er persönlich alle Personen wieder auf meine Liste setzen. Ich sagte ihm, dass das normalerweise kein Problem wäre, dass dieser Deal aber trotzdem nicht gerecht sei. Er stimmte mir auch in diesem Punkt zu, sagte aber, dass es keine andere Möglichkeit gäbe, sie wieder auf die Liste zu setzen, da er dafür auch das Einverständnis des Aufsehers bräuchte.

Das verstand wiederum ich sehr gut und deshalb schlug ich ein; wir waren im Geschäft. Wir unterhielten uns noch ein bisschen und erfuhren viel über den jeweils Anderen.

Es war ein gutes Gespräch und bevor er meine Zelle verließ, fragte er mich: „Young, warum ist einer wie du im Todestrakt? Ich will nichts von deinem Verbrechen hören, ich will nur wissen, wie du hierhergekommen bist. Du bist zu klug, um hier zu sein!"

Ich lächelte, denn ich wusste, dieser Mann sagte nie etwas, was er nicht auch so meinte.

KAPITEL 11

Nach all diesen Ereignissen begann ich, über mich und die ersten Jahre hier im Todestrakt nachzudenken, ich versuchte herauszufinden, wie mich das Leben hier verändert hatte. Ich entdeckte einige neue Eigenschaften an mir, merkte aber auch, dass ich in vielen Punkten nicht viel weiter war als am Anfang. Ich fragte mich, was mich davon abhielt, mich weiterzuentwickeln und wusste, dass es noch immer die gleiche Suche war. Früher hatte ich es auf der Straße gesucht, heute suchte ich es im Todestrakt.

Ich suchte nach jemandem, der mich einfach lieben und unterstützen würde. Schon bevor sie von der Besucherliste gestrichen worden war, hatte es kaum Unterstützung von meiner Mutter gegeben. Unsere Beziehung hatte sich seit meiner Inhaftierung nicht verändert, sie war jetzt noch genauso distanziert und oberflächlich wie sie es früher gewesen war. Ich betrachtete unsere Beziehung genauer und stellte fest, dass sie sich nie wirklich verändert hatte. Nachdem ich von zu Hause ausgezogen und bei meiner Oma eingezogen war, waren meine Mutter und ich eher Freunde statt Familie geworden. Ich glaube, wir hatten einfach beide erkannt, dass sie mich schon Jahre zuvor verloren hatte, wie hätte sie mich denn jetzt noch erziehen können? Sie wusste, dass sie mir nichts beizubringen hatte.

Ich habe immer wieder versucht, die Beziehung zu meiner Mutter zu reparieren, aber ich glaube, wir wussten beide einfach nicht, wie das alles überhaupt geht. Manchmal glaube ich, dass ich mittlerweile einfach sehr viel reifer geworden bin, als sie es je war; und ich weiß, dass sie selbst auch nur ein Kind gewesen war, das Kinder großziehen musste. Wenn ich mir die Gegenwart ansehe, glaube ich, dass sie noch immer versucht, die Jahre nachzuholen, die sie damals verpasst hat. Ich habe wirklich versucht, auf einer erwachsenen Ebene mit ihr zu sprechen, konnte aber nie zu ihr durchdringen. Auch heute gibt es noch zahlreiche Reibereien; einige Menschen glauben vermutlich, dass wir uns zu ähnlich sind, andere würden vielleicht sagen, dass ich zu sehr wie mein Vater aussehe, mit dem sie so viel gekämpft hat. Eigentlich ist es auch egal, was das Problem ist, denn ich befürchte, dass sich unsere Beziehung nie wieder erholen wird.

Wenn man mindestens 22 Stunden am Tag alleine in einer Zelle eingesperrt ist, lernt man den wahren Wert von Freundschaften und Beziehungen kennen. Es passiert schnell, dass man hinter diesen Mauern vergessen wird, deswegen zählt jeder Mensch, der sich die Zeit nimmt, einem zu schreiben oder Geld zu schicken, denn nur so können wir hier drinnen überleben.

Im Laufe der Jahre habe ich mit zahlreichen Menschen aus allen möglichen Bereichen gesprochen, mit Anwälten, Professoren, Studenten und Medienvertretern, sie alle haben mich nach der Beziehung zu meiner Mutter gefragt. Oft habe ich dabei gelogen, weil es mir peinlich war. Wer möchte sich denn nicht gerne mit seiner Mutter verstehen?

Das Leben in der Todeszelle bringt einen Mann dazu, sehr intensiv nachzudenken. Wir haben niemanden, der uns dabei unterbricht, und wenn wir erst einmal damit anfangen, auf dieser Ebene zu denken, ist es schwer wieder damit aufzuhören. In diesen Mauern leben zu müssen, bringt einen wirklich dazu, tief in sich zu blicken. Nur du selbst kennst all deine Geheimnisse und nur du selbst musst mit ihnen leben. Wenn man in dieser Situation ist, können drei Dinge mit einem Menschen passieren:

Er verliert den Verstand!!! Ich habe selbst gesehen, wie das passiert ist und manche Menschen werden fragen: „Haben diese Menschen wirklich erst nach Jahren ihren Verstand verloren oder waren sie nicht eigentlich schon verrückt, als sie in den Todestrakt kamen?"

Bei einigen Wenigen würde ich dieser Denkweise sogar zustimmen, diese Männer waren wirklich schon völlig verrückt, als sie hier ankamen, doch den meisten geht es am Anfang noch gut. Sie tun ihr Bestes, um die vielen Dinge zu ertragen, mit denen sie hier konfrontiert werden. Manchmal gibt es Ärger mit den Wachen, manchmal werden die Männer von ihren Familien verlassen, es gibt einfach ständig etwas, womit man kämpfen muss. Aber der Verstand ist wie ein Seil, er kann nur eine bestimmte Menge an Zugkraft aushalten, dann reißt er. Manche Menschen können mehr aushalten als andere, wer es nicht mehr aushält, wird verrückt!

Das erinnert mich an ein Buch, das ich mal gelesen habe und in dem das wirklich gut beschrieben wird. Das Buch heißt *„Der Luzifer-Effekt"* (Philip Zimbardo). Kurz gesagt geht es um eine Studie, die an der *Stanford University* über die *Security Housing Units* (SHUs) oder „Shoe", wie sie von manchen genannt werden, durchgeführt wurde. *SHUs* sind die Gebäude, in denen wir leben.

In der Studie wurde eine Gruppe von Studenten in zwei Hälften geteilt. Eine Gruppe wurde als „Gefangene" und die andere als „Wärter" bezeichnet. Die Gefangenen wurden in simulierten Zellen untergebracht und die Wärter sollten sie bewachen. Während der Studie begannen die Wärter, die Gefangenen zu misshandeln und die Gefangenen brachen unter der Misshandlung zusammen. Diese Studie war eine Sieben-Tage-Studie. Studien wie diese zeigen klar, dass der menschliche Geist nicht für Isolation, Misshandlung und fehlende Stimulation geschaffen ist. Der Mensch bricht nicht nur zusammen und kommt damit an den Punkt, an dem er nicht mehr rational denken kann, sondern reagiert auch wie folgt:

Er wird gewalttätig!!! Viele Männer, so wie ich, kommen aus einem Umfeld, in dem uns beigebracht wird, gegen jede Art der Unterdrückung zu kämpfen. Diese Männer rebellieren gegen jede Art von Autorität oder Autoritätspersonen. Die *Black Panther*, die Bürgerrechtsgruppe der sechziger Jahre, benutzte deshalb den Panther als ihr Symbol, denn der Panther ist eine Katze, die niemanden stört, die aber gleichzeitig sehr gefährlich ist. Wann immer der Panther sich in die Ecke gedrängt fühlt und keine andere Wahl mehr hat, kämpft er um sein Leben und zwar mit aller Kraft. Das ist dasselbe wie bei Menschen, die gegen Unterdrückung kämpfen. Was passiert während dieses Kampfes?

Der Mensch wächst über sich selbst hinaus!!! Viele Männer kommen in den Todestrakt und entwickeln erst hier ihr volles Potenzial, sie werden zu dem, was sie draußen hätten sein sollen. Wenn man eingesperrt ist, ohne Ablenkung oder Drogen, kann das zu sehr produktiven Ergebnissen führen. Manche Männer gedeihen erst in einer bedrückenden Umgebung.

Während meiner Zeit hier habe ich viele Menschen getroffen, von denen ich nie geglaubt hätte, dass ihre Inhaftierung im Todestrakt gerechtfertigt wäre. Ich habe Häftlinge getroffen, die hinter diesen Mauern Bücher geschrieben, Abschlüsse erworben, ihre Kinder großgezogen und sich um ihre Familien gekümmert haben. Und die meisten von ihnen würden sofort zugeben, dass sie das nicht hätten tun können, wenn sie nicht im Todestrakt eingesperrt gewesen wären. Ich sage mir und auch anderen immer wieder, dass der Todestrakt mein Leben gerettet hat. So ironisch es auch klingen mag, ich glaube wirklich, dass der Todestrakt mein Leben gerettet hat. Denn mit dem Leben, das ich draußen geführt habe, hätte ich es nicht geschafft, älter als 21 zu werden. Tatsächlich war niemand mehr von meinem 21. Geburtstag überrascht als ich selbst, zwei Monate später wurde ich wegen Mordes verhaftet, verurteilt und inhaftiert.

Ich vergleiche das, was mit den meisten Männern hier passiert, gerne mit einem Diamanten. Ein Diamant gilt als einer der wertvollsten Edelsteine der Welt, er besteht aus dem härtesten aller Elemente, dem Kohlenstoff, doch nur unter Druck und Zeit kann ein Diamant entstehen.

Ich werde nie vergessen, was Reginald mir einmal sagte, während er mir erklärte, wie er mit diesen Mauern umgeht: „Behalte einen diamantenen Geist, einen diamantenen Körper und eine diamantene Seele.“

Diesen Rat versuche ich bis heute zu beherzigen. Unterdrückung kommt hier in den verschiedensten Formen vor. Eine Form ist zum Beispiel die ständige Durchsuchung der Zellen (*Shakedowns*), der Todestrakt wird alle neunzig Tage abgeriegelt. Wir werden dabei mit „*Johnny Sacks*“ gefüttert, das sind braune Papiertüten, die dreimal am Tag durch die Klappe gereicht werden und in denen zwei Sandwiches sind, eines mit Wurst und eines mit Erdnussbutter.

Wenn unsere Zellen durchsucht werden, bekommen wir eine Kiste, die 1 m lang und 1 m breit ist, und wir werden aufgefordert, all unsere Sachen hineinzupacken. Unsere Zellen haben drei Regale unter dem Bett und wir haben zwei Tische, auf die wir Dinge stellen können. Die Regel im *TDC* ist, dass nichts auf dem Boden stehen darf und alles auf den Regalen gelagert werden muss.

Als sie zum ersten Mal Kisten mitbrachten und uns aufforderten, unser Eigentum darin zu verstauen, haben wir uns mit Händen und Füßen dagegen gewehrt. Sie haben nicht nachgegeben. Sie bestanden darauf, unser Eigentum so weit wie möglich einzuschränken. Das gab mir zu denken: Wir leben in einer Kiste aus einer Kiste!

KAPITEL 12

Der Oktober 2009 schien ein schwarzer Monat für *D.R.I.V.E.* zu sein. Wir hatten schon vor einiger Zeit erfahren, dass Reginald vom *5th Circuit Court Of Appeals* abgelehnt worden war und wussten, dass ihm jetzt nur noch ein einziger Ausweg blieb, die Begnadigung. Und wie fast immer standen die Chancen dafür extrem schlecht!

Am 27. Oktober 2009 sollte Reg hingerichtet werden und ich war am Boden zerstört, Reg und ich waren uns mittlerweile sehr nahegekommen. Wir hatten so viele Gemeinsamkeiten und kamen aus denselben Vierteln, so dass wir uns auf einer höheren Ebene verbunden fühlten. Wir sahen uns als Brüder und niemand konnte uns vom Gegenteil überzeugen. Jeder, der sich mit einem von uns anlegte, wusste, dass er es auch mit dem anderen zu tun bekommen würde. Reg war es, der mich immer wieder auf den Boden der Tatsachen zurückholte und beruhigte, er war das Positiv zu meinem Negativ.

Als ich erfuhr, dass er seinen Termin bekommen hatte, wusste ich beim besten Willen nicht mehr, wie unsere Bewegung das überleben sollte. Selbst wenn seine Strafe durch Begnadigung in lebenslänglich umgewandelt werden würde, wäre er nicht mehr bei uns und könnte deshalb auch nicht mehr so viel beitragen, wie er es bisher getan hatte. Ich wusste, dass so oder so eine große Lücke in der Bewegung entstehen würde.

Aber zu dieser Zeit hatte *D.R.I.V.E.* sowieso schon jede Menge Schwierigkeiten. Wir hatten zwei Mitglieder durch lebenslange Haftstrafen „verloren" (Kenneth und Gabriel) und es waren nur noch vier von uns hier im Todestrakt. Reg war also der einzige Grund, warum ich überhaupt noch Teil von *D.R.I.V.E.* war. Ich kam mit den anderen Mitgliedern einfach nicht zurecht, wir hatten nicht dieselbe Wellenlänge. Es gab zu viele Machtkämpfe und ich war das einzige Mitglied, das mit allem umgehen konnte, was die Verwaltung uns servierte.

Bei zahlreichen Gelegenheiten versuchten die anderen Mitglieder, Gewalt anzuwenden oder sich mit Tränengas beschießen zu lassen, konnten aber nicht mit den Chemikalien umgehen. Das schafften nur Reg und ich. Das führte dazu, dass wir uns innerhalb der Gruppe regelmäßig die Köpfe einschlugen, wenn es um Taktiken ging. Das gab der Verwaltung natürlich auch die Möglichkeit, zu teilen und zu herrschen; eine Taktik, die in zerstrittenen Gruppen immer hervorragend funktioniert. Außerdem bekam ich sehr viel Respekt von der Verwaltung, was den anderen Gruppenmitgliedern überhaupt nicht gefiel. Denn es machte mich de facto zu einem Anführer in einer Gruppe, die sich eigentlich darin einig war, keinen Anführer zu haben.

Als der Oktober und damit Regs Hinrichtung näher rückten, beantragte ich einen Besuch bei ihm. Wir waren zu dieser Zeit in verschiedenen Bereichen untergebracht und hatten uns schon seit einigen Monaten nicht mehr gesehen. Dieser Antrag war einzigartig, denn es gab keine Regel dafür; aber ich hatte mich noch nie groß um Regeln gekümmert und wollte meinen Bruder sehen, es war also einen Versuch wert.

Nach ein paar Gasangriffen und zahlreichen Verhandlungen wurde der Besuch schließlich genehmigt. Die Verwaltung tat dabei sogar mehr für uns, als ich von ihr verlangt hatte. Sie brachten uns in einer sicheren Kabine unter und ließen uns dort ganze sechzehn Stunden zusammen sein, acht Stunden am Samstag und acht Stunden am Sonntag. Sie wussten, in was für einer Beziehung Reg und ich zueinander standen und sahen es als Vorteil, uns den Besuch zu gestatten; sie könnten ihn später als Druckmittel einsetzen.

Als Reg in die Kabine trat, sah ich ihm in die Augen. In zwei Wochen sollte er hingerichtet werden und ich wollte sehen, wie er damit klarkam. Er war bereits in der *Death Watch* und stand unter ständiger Beobachtung, eine immense Belastung. Ich fragte mich, ob er seine Lehren auch für sich selbst hatte umsetzen können. Ich sah ihn also an und erkannte, dass seine Augen noch immer leuchteten. Das goldene Gestell der Brille, die er trug, war ein wenig stumpf geworden, aber das lag an der jahrelangen Abnutzung.

Ich schaute ihm in die Augen und fragte: „Wie geht es dir? Erzähl mir bloß keinen Scheiß, ich will die Wahrheit, kurz und bündig!"

Reg hatte schon immer eine Schwäche für langatmige Antworten gehabt. Ich habe selbst erlebt, wie man ihm eine einfache Frage stellte und er daraufhin eine Antwort gab, die fast dreißig Minuten lang war. Das war einer dieser psychologischen Tricks, die Teil seines Charakters waren, er redete so viel, dass man die Frage komplett vergaß.

„Es geht mir nicht gut, Bruder. Es sieht schlecht aus, aber ich darf jetzt nicht zusammenbrechen, meine Familie braucht mich", sagte er mir so ehrlich wie möglich.

Ich gehörte noch nie zu den Menschen, die sinnlos Phrasen dreschen, ich sage also nicht „Es wird alles gut" oder „Mach dir keine Sorgen", wenn ich weiß, dass meinem Gegenüber das Wasser tatsächlich bis zum Hals steht.

Ich sah Reg deshalb lange an, bis ich endlich die richtigen Worte fand: „Wenn sie dich töten wollen, dann lass sie dafür arbeiten, Bruder!"

Er lächelte: „Ich habe dich vermisst, Bruder."

—

Das löste die Spannung und wir sprachen einfach nicht mehr über den Elefanten im Raum.

Diese zwei Tage waren für uns beide eine unglaublich tolle Erfahrung und als wir uns nach zwei Tagen voneinander trennen mussten, verließ er mich mit den Worten: „Bruder, gib niemals auf. Kämpfe weiter gegen die Ungerechtigkeit."

Nach diesen zwei Tagen kam ich zu dem Schluss, dass es überhaupt keine Rolle spielt, wie sehr man gegen etwas Unrechtes kämpft; wenn man keine Macht hat, dann bedeutet die Haltung, die man eingenommen hat, nichts, egal wie sehr man auch im Recht ist.

An dem Tag, an dem Reg hingerichtet werden sollte, bestellte ich meinen Anwalt zu mir. Ich wollte mit Reg im Besucherraum sein, bis er ihn zum letzten Mal verlassen würde. Ich bemerkte aber schon am Morgen, dass dieser Tag anders als geplant verlaufen würde.

Einer der Beamten kam zu mir und sagte mir, dass sie mich später von meiner Zelle aus direkt in den Aufenthaltsraum bringen würden. Da wusste ich, dass die Verwaltung für mich eine „Sicherheitsschleuse" eingeplant hatte. Das machen sie bei besonderen Anlässen, wenn sie das Gefühl haben, dass man versuchen wird, einen Prozess zu verlangsamen, der eigentlich reibungslos ablaufen soll. Sie hatten Recht, denn wenn ich gesehen hätte, wie mein Bruder gegen seine Ermordung protestiert, dann hätte auch ich protestiert. Ich wusste aber, dass der Besuch meines Anwalts bevorstand, also dachte ich mir, dass sie mich nicht lange warten lassen konnten, sie durften mir ja den Besuch meines Anwalts nicht verweigern.

Ich wartete also auf das Begleitteam, das mich in den Besucherraum bringen sollte. Als ich sah, dass die Mittagszeit immer näher rückte, wusste ich, dass etwas nicht stimmen konnte. Um die Mittagszeit herum schaltet die Verwaltung alles auf Pause, um den Todeskandidaten in Ruhe aus der Wohneinheit holen und nach Huntsville bringen zu können.

Nachmittags war ich dann stinksauer! Ich wusste, dass ich nicht so für meinen Bruder da gewesen war, wie ich es mir gewünscht hätte, als Unterstützung und Rückgrat. Ich saß in meiner Zelle und fragte mich, was er wohl davon halten würde, dass ich nicht bei ihm im Besucherraum gewesen war, wie ich es ihm versprochen hatte. Ich fühlte mich, als hätte ich ihn an seinem vielleicht letzten Tag im Stich gelassen. Als ich endlich in den Besucherraum geführt wurde, war es beängstigend still und die ganze Aufregung hatte sich bereits wieder gelegt. Alles war ruhig und es herrschte die Art von Stille, die nur Menschen ausstrahlen können, die gerade etwas Schreckliches gesehen haben und Angst davor haben, es einmal selbst erleben zu müssen.

Später an diesem Tag saß ich im Aufenthaltsraum und wartete auf irgendeine Nachricht aus dem Radio, die mir mitteilen würde, dass mein Bruder zurückkommt. Es gab drei verschiedene Männer, die in ihren Zellen drei verschiedene Radiosender hörten, damit ich auch ja nichts verpasste.

Um 18 Uhr hörten wir immer noch nichts, was darauf hingedeutet hätte, dass er einen Aufschub bekommen würde. Nervös lief ich im Aufenthaltsraum hin und her und hoffte, dass mein Bruder verschont werden würde und dass die Nachrichtensender sich nur sehr viel Zeit dabei ließen, die guten Nachrichten zu verkünden.

Um 18:09 Uhr begann ich zu weinen. Ich dachte nicht daran, dass es jetzt vorbei war, aber mein Körper wusste es. Ich hatte Regs Tod gespürt und ein Teil von mir war an diesem Tag mit ihm gegangen.

KAPITEL 13

Vor Kurzem hatte ich Besuch von einem 13-jährigen Jungen. Meine Tante hatte mir erzählt, dass er in der Schule Probleme hatte und bat mich darum, mal mit ihm darüber zu sprechen; es war sein erster Besuch im Todestrakt. Ich bat ihn, sich zu setzen und fragte meine Tante, ob sie sich kurz an einen anderen Tisch setzen könne, so dass der Junge und ich unter vier Augen miteinander sprechen könnten.

Wir begannen zu reden und ich versuchte, ihn erst mal einzuschätzen. Ich wollte sehen, ob er mir gegenüber feindselig sein würde oder ob er für das, was ich ihm sagte, empfänglich sein würde. Ich erfuhr einiges über seinen Hintergrund, er hatte bereits in mehreren verschiedenen Ländern gelebt, da er in einer Militärfamilie groß geworden war. Er sprach vier verschiedene Sprachen fließend: Englisch, Spanisch, Französisch und Japanisch. Er ging in Sugarland (TX) zur Schule, einem Viertel der Oberschicht am Rande von Houston. Doch es ging mir nicht nur um das, was er mir erzählte, sondern auch um das, was zwischen den Zeilen stand: MÄDCHEN!

Ich fragte ihn geradeheraus: „Wer ist sie?“

Er schaute mich etwas schüchtern an und fragte: „Wer, sie?“

Ich musste schmunzeln, denn ich wusste genau, dass ich den Nagel auf den Kopf getroffen hatte.

Ich sagte ihm: „Ich war auch mal in deinem Alter und weiß genau, wie es ist, wenn ein hübsches Mädchen in der Nähe ist!“

Ich lächelte ihn an, um ihm zu zeigen, dass ich ihn verstand und er sich mir gegenüber öffnen konnte. Erst schaute er zu meiner Tante hinüber, dann sprach er etwas leiser weiter und erzählte mir, dass sie in der Klasse direkt neben ihm saß.

Ich fragte ihn: „Ist sie deine Freundin?"

Er schüttelte den Kopf.

Ich fragte weiter: „Warum nicht?", und er erwiderte, dass sie wirklich hübsch sei und viele Jungs auf sie standen, er habe einfach noch keine Gelegenheit gehabt, mit ihr zu sprechen.

Er war kein Problemkind, so wie ich früher eines war, sein Problem war ein ganz anderes; es war das Mädchen, das er mochte und das ihm nicht mehr aus dem Kopf ging.

Für einen 13-jährigen war er unglaublich intelligent. Wir sprachen über Politik, aktuelle Ereignisse und andere Themen, die man nie im Leben von einem 13-jährigen erwartet hätte. Dann kam ich noch einmal auf das Mädchen zu sprechen und gab ihm Ratschläge, wie er das Mädchen bekommen könnte.

Er erklärte mir, dass die Aufgaben, die ihm während des Unterrichts gestellt wurden, zu leicht seien. Sobald er mit ihnen fertig war, hatte er nichts mehr zu tun und begann sich zu langweilen. Das ist typisch für die großen Schulklassen heutzutage; einige Kinder lernen schneller als andere, und wenn sie mit ihrer Arbeit fertig sind, müssen sie warten, bis alle anderen auch so weit sind. Aber Kinder sind nun einmal Kinder und ich habe noch nie eines getroffen, das länger als fünf Minuten hätte stillsitzen können. Das bedeutet aber nicht gleich, dass sie schlecht sind oder ein Problem haben. Es bedeutet nur, dass sie Kinder sind.

Er erzählte mir, dass er, wenn er mit seiner Arbeit fertig war, anfing Witze zu reißen oder sich anderweitig bemerkbar zu machen, was zu einer Störung in der ganzen Klasse führte. Ich sagte ihm, dass das genau der Grund sei, warum das Mädchen noch nicht seine Freundin war. Ich riet ihm dazu, dem Mädchen bei ihren Aufgaben zu helfen, sobald er mit seinen fertig sei. Seine Intelligenz würde ihm dabei helfen, sie näher kennenzulernen, denn während alle anderen noch mit ihren Aufgaben beschäftigt seien, könne er bereits bei dem Mädchen sein und mit ihr sprechen. Ihm gefiel die Idee und er versprach, das mal auszuprobieren.

Meine Tante setzte sich wieder zu uns und wir verbrachten den Rest des Besuches damit, Witze zu reißen und zu lachen. Ich erklärte ihr, dass der Junge kein Problemkind sei und dass sie damit aufhören solle, ihn wie eines zu behandeln. Denn wenn wir unsere Kinder behandeln, als hätten sie ein Problem, dann bekommen sie irgendwann auch eines. Es steckte so viel Talent und Potenzial in dem Jungen, man durfte ihm einfach nicht das Gefühl geben, etwas falsch zu machen.

Dieser Besuch inspirierte mich und ich dachte darüber nach, wie nützlich ich für die Gemeinschaft sein könnte, wenn ich nur die Möglichkeit erhalten würde, regelmäßig mit jungen Menschen zu sprechen. Das brachte mich auf die Idee für mein Jugendprogramm: *Reaching Our Young From The Inside Out*.

Eines Tages, während wir wie üblich in der texanischen Hitze im Außenkäfig hoch und runter liefen, unterhielt ich mich mit dem Mann im angrenzenden Käfig. Es war ein sehr guter Freund von mir namens Tomas Gallo. Ich mochte ihn sehr und vertraute seinem Urteil, da er mir immer und ohne Scheiß die Wahrheit sagte. Ich fragte ihn: „Was hältst du von einem Programm, das dem *Scared Straight*-Programm ähnelt? Ein Programm, bei dem Jugendliche in Schwierigkeiten zu uns kommen können und wir mit ihnen reden."

Er lächelte mich an, dachte kurz nach und sagte dann: „Ja, das könnte tatsächlich funktionieren."

KAPITEL 14

„*Reaching Our Young*" steckt noch in den Kinderschuhen, aber ich arbeite hart daran, es Wirklichkeit werden zu lassen. Die Idee hat sich von einem bloßen Gedanken zu einer vollwertigen Bewegung entwickelt.

Als Jugendlicher wurde ich einmal in das „*Scared Straight*"-Programm gesteckt, dabei werden Problemkinder wie ich in das nächstgelegene Gefängnis geschickt, um einen Vorgeschmack zu bekommen. Es ist so eine Art Tagespraktikum für Kinder, von denen man im Leben nicht viel erwartet.

Während unseres Besuches im Gefängnis wurden wir tatsächlich komplett ausgezogen und bekamen „Gefängniskleidung" ausgehändigt, die aus übergroßen Hosen und übergroßen Hemden bestand. Man jagte uns durch mehrere Stationen, die auch die normalen Gefangenen durchlaufen mussten, nur machte man es für uns ein bisschen härter, um uns Angst zu machen. Jeder von uns bekam ein „*Aggie*", ein Arbeitsgerät, das einer Hacke ähnelt und auf der anderen Seite einen Spaten hat. Dieses Gerät wird dazu verwendet, um den Boden auf den Feldern zu bearbeiten, damit man später Setzlinge pflanzen kann. Die Gefängnisse in Texas sahen damals noch genauso aus wie die alten Sklavenplantagen aus den 1700er und 1800er-Jahren und wurden auch noch genauso geführt. Die Struktur ist ebenfalls gleich geblieben, der Aufseher und sein Stellvertreter sind die „Master" und alle anderen (Major, Captain, Lieutenant und Sergeant) sind die „Aufseher".

Während wir auf den Feldern arbeiteten, ritten ein paar Beamte auf Pferden mit langen Schrotflinten in einem Halfter und einer Pistole an der Hüfte zwischen uns entlang. Ich sah, wie sie Kautabak ausspuckten und das Wort „*Boi*" so oft benutzten, als sei es ihr absolutes Lieblingswort. Nichts davon hat mich beeindruckt.

Nachdem wir auf dem Feld fertig waren, wurden wir in die *Ad Seg* (Verwaltungssegregation) der Einheit gebracht, wo die „schlimmsten der schlimmen" Insassen der Einheit untergebracht waren. Sie steckten uns für eine Stunde in eine Isolationszelle und gaben uns ein Mittagessen, das aus dem bestand, was das *TDC* gerne als *food loaf* bezeichnet. Ein *food loaf* ist eine Strafmahlzeit, bei der alle Lebensmittel der aktuellen Mahlzeit zu einer Pampe vermengt und gebacken werden, bis alles in sich zusammenfällt. Es sieht sehr unappetitlich aus und riecht noch schlimmer! Sie gaben es uns, um uns zu zeigen, was wir essen würden, wenn wir uns nicht an die Regeln im Gefängnis hielten.

Nach einer Stunde ließen sie uns wieder aus den Zellen und gingen mit uns den Gang hinunter, an all den Straftätern vorbei, die natürlich sofort anfingen, zu johlen und zu klatschen. Die Straftäter riefen uns zu, dass sie uns ficken und in unserem Mund abspritzen würden usw.!

Dann brachte man uns in einen Raum, in dem wir einige Häftlinge kennenlernen sollten. Sobald wir alle anwesend waren, kam ein Dutzend Häftlinge in den Raum gerannt und schrie aus Leibeskräften. Ihre Aufgabe war es, uns eine Scheißangst einzujagen. Das einzige Problem dabei war, dass ich vier oder fünf von ihnen bereits von der Straße her kannte und wusste, wer und wie sie wirklich waren. Nachdem sich also alles wieder etwas beruhigt hatte, wurden wir in Gruppen aufgeteilt, um uns alles Mögliche erklären zu lassen.

Mich nahm einer der Männer, die ich bereits kannte, zur Seite und bat mich, ihm zu erzählen, was so auf der Straße los war. Andere baten mich darum, Nachrichten an alte Freundinnen oder Familienmitglieder zu überbringen, die sich nicht mehr bei den Insassen meldeten. Als ich das Gefängnis verließ, wusste ich also sicher, dass ich zurückkommen wollte. Nichts von dem, was ich gesehen hatte, konnte mich vom Gegenteil überzeugen; ich wollte selbst ins Gefängnis kommen, meine Vorbilder waren ja auch schon dort.

In der Gegend, in der ich groß geworden bin, und auch in vielen anderen Gegenden Amerikas, ist es so eine Art Auszeichnung, ins Gefängnis zu gehen. Wer ins Gefängnis kommt, kann später von sich behaupten, diesen Dschungel aus Beton überlebt zu haben. Ich weiß, dass *Reaching Our Young* diese Denkweise ändern kann. Ich weiß, wenn sich einer dieser Männer damals wirklich mit mir zusammengesetzt und sich die Zeit genommen hätte, mit mir zu reden, anstatt mich nur als Kurier zu benutzen, hätte sich meine Einstellung zum Gefängnis geändert.

Deswegen möchte ich es jetzt besser als sie machen und selbst mindestens ein Kind finden, das bereits auf dem Weg ins Gefängnis ist, um ihm dabei helfen, sein Leben doch noch einmal zu überdenken. Jeder, der glaubt, dass ein Insasse im Todestrakt keine Ziele mehr im Leben hat, der irrt. Das Leben ist nicht einfach zu Ende, nur weil einem jemand sagt, dass man sterben wird. Ich glaube, dass jeder Mensch sich ändern und ein produktiver Teil der Gesellschaft werden kann, wenn er nur die richtigen Impulse dafür bekommt.
Darauf gebe ich nicht nur mein Wort, sondern werde auch ein Kind in die Welt schicken, das die Botschaft gehört und verstanden hat, es wird verstehen, dass der Weg ins Gefängnis nicht erstrebenswert ist. Ich weiß noch nicht, wann und wo, aber ich werde Erfolg haben, denn die Todesstrafe hat mein Leben gerettet, damit ich jemand anderem helfen kann!

———

NACHWORT DES HERAUSGEBERS

Chris wurde nach weiteren sieben Jahren Einzelhaft am 17. Juli 2018 um 18:13 Uhr vom Bundesstaat Texas ermordet. In seinen letzten Worten verabschiedete er sich von der Familie des Opfers, die ihm mittlerweile vergeben hatte und für seine Begnadigung kämpfte, und von den Kindern, die er in den letzten Jahren unterrichtet hatte. Auf seinen Wunsch hin starb er alleine, ohne seiner Familie zuzumuten, Zeugen seines Todes zu werden.

Er wurde neben seinem Vater beerdigt!

CHRISTOPHER ANTHONY YOUNG
24.9.1983 - 17.7.2018

CHRISYOUNGFOUNDATIONLF2C.ORG